Dircelena Lúcia Cardoso Martins Dircy

Mediendiskurse über Femizid in der Intimsphäre in Portugal

AF144323

Dircelena Lúcia Cardoso Martins Dircy

Mediendiskurse über Femizid in der Intimsphäre in Portugal

ScienciaScripts

Imprint

Any brand names and product names mentioned in this book are subject to trademark, brand or patent protection and are trademarks or registered trademarks of their respective holders. The use of brand names, product names, common names, trade names, product descriptions etc. even without a particular marking in this work is in no way to be construed to mean that such names may be regarded as unrestricted in respect of trademark and brand protection legislation and could thus be used by anyone.

Cover image: www.ingimage.com

This book is a translation from the original published under ISBN 978-620-2-04759-3.

Publisher:
Sciencia Scripts
is a trademark of
Dodo Books Indian Ocean Ltd. and OmniScriptum S.R.L publishing group

120 High Road, East Finchley, London, N2 9ED, United Kingdom
Str. Armeneasca 28/1, office 1, Chisinau MD-2012, Republic of Moldova, Europe
Printed at: see last page
ISBN: 978-620-7-23403-5

INDEX

DANKSAGUNGEN.. 2

ZUSAMMENFASSUNG.. 3

Einleitung: 4

Teil I - Theoretischer Rahmen.. 6

Kapitel I - Geschlechtsspezifische Gewalt und Femizid 6

Kapitel II - Der Blick der Presse auf den Femizid 23

Teil II - Methode 30

Anhang 1... 59

Anhang 2... 62

Anhang 3... 63

Anhang 4... 63

DANKSAGUNGEN

Zunächst möchte ich all jenen danken, die mir während meiner gesamten akademischen Laufbahn bei der Durchführung dieser Studie geholfen haben und denen mein ausdrücklicher Dank gebührt.

Professorin Ana Sofia Neves und Professor Silva Gomes für ihre Verfügbarkeit, ihre Geduld, ihr Verständnis, ihre Unterstützung und ihr Engagement bei der Betreuung meiner Dissertation während dieses Jahres.

Der Stadtbibliothek von Braga für die Bereitstellung aller notwendigen Ressourcen zur Realisierung dieser Arbeit;

Meiner Mutter Teresa Lùcia und meiner Schwester Màrcia Martins im Besonderen, für ihre moralische und emotionale Unterstützung, meiner Schwester Eviliene Galvao für ihre Geduld und Verfügbarkeit und meiner Familie im Allgemeinen.

An alle meine Kollegen für die gemeinsamen zwei Jahre.

Insbesondere an Flâvio Teixeira "nhafeio" für seine Stärke, niemals aufzugeben, und seine bedingungslose Unterstützung, Liebe und Geduld während dieser Reise, für sein Wissen, wie man den Anreiz für neue Herausforderungen mit der Notwendigkeit ausgleicht, mit den Füßen auf dem Boden zu bleiben;

An alle meine Freunde, für all die Momente der Kameradschaft, für die freundlichen Worte, für die Ermutigung, in den nicht so guten Zeiten nicht aufzugeben, für die geteilten Freuden und Frustrationen, für die Hoffnung, die Freude und das Willkommen.

ZUSAMMENFASSUNG

Femizid und Gewalt gegen Frauen sind nach wie vor ein komplexes und umstrittenes Problem, auch wenn dieses Thema auf allen gesellschaftlichen Ebenen neu definiert wurde, insbesondere im Hinblick auf seine Unrechtmäßigkeit, Illegalität und Kriminalität.

Das Hauptziel dieser Studie besteht darin, die Nachrichten über intime Frauenmorde in der portugiesischen Presse zu analysieren und zu charakterisieren und die möglichen Auswirkungen von Medienberichten auf die Bildung/Aufrechterhaltung von Stereotypen im Zusammenhang mit diesem Verbrechen zu diskutieren. Die spezifischen Ziele sind a) die Analyse des Profils der Opfer und der Angreifer; b) das Verständnis der Dynamik des Verbrechens des Femizids in der Intimsphäre; c) die Analyse der sozialen Reaktionen auf den Femizid in der Intimsphäre (z. B. bei den Opfern, Familienmitgliedern, Nachbarn, Behörden).

Als Analysekorpus dienten insgesamt 200 journalistische Beiträge, die zwischen dem 1. Januar 2011 und dem 31. Dezember 2014 täglich in der Zeitung Correio da Manha veröffentlicht wurden. Als Instrument zur Datenerhebung wurde ein Aufzeichnungsraster verwendet.

Die Ergebnisse bestätigten, dass die Mediendiskurse oder konstruierten Erzählungen über Femizid in der Intimsphäre, die in der Zeitung Correio da Manha von 2011 bis 2014 dargestellt wurden, zur Stereotypisierung und Etikettierung neigen. Auf diese Weise verstärken Nachbarn, Familien und Behörden eine vereinfachte Lesart von Gewalt in Paarbeziehungen und insbesondere von Femizid, indem sie eine Sichtweise propagieren, die auf der Beschuldigung der Opfer beruht. Kulturell verwurzelte Mythen über die soziale Kluft zwischen den Geschlechtern und über das Verhalten von Angreifern und Opfern unterstützen häufig die dargestellten Diskurse.

Stichworte: Femizid in der Intimität, Gewalt gegen Frauen, *Medien,* Zeitung Correio da Manha.

EINLEITUNG:

Diese Dissertation ist Teil des Masterstudiengangs "Psychologie der Justiz" am Universitätsinstitut von Maia. Sie trägt den Titel *"Ich habe sofort gesehen, dass er ein Schurke ist, ich hätte nie gedacht, dass er ein Mörder ist"*: Mediendiskurse über Femizid in der Intimität in Portugal".

In dieser Dissertation sollen die Medienberichte der Zeitung Correio da Manha über Femizid in der Intimsphäre untersucht und ihre Auswirkungen auf die Konstruktion der kriminellen Realität analysiert werden. Das Thema wurde gewählt, weil Femizid in der Intimsphäre ein sehr ernstes aktuelles Problem mit beunruhigenden Konturen auf nationaler und internationaler Ebene ist.

Femizid wurde von Caputi & Russell (1990) als die Ermordung von Frauen durch Männer definiert, die durch Hass, Verachtung, Vergnügen oder ein Gefühl des Besitzes von Frauen motiviert ist, und gilt als die extremste Form der Gewalt. In diesem Sinne betonen sie, dass es sich um die häufigste Form des Mordes an Frauen handelt.

Daraus ergibt sich, dass das Vorhandensein oder die reale Bedrohung von Gewalt und Femizid im täglichen Leben der Menschen zur Ungleichheit zwischen den Geschlechtern beiträgt und die Frauen in eine äußerst wehrlose Position versetzt, wobei geschlechtsspezifische Gewalt der Eckpfeiler der geschlechtsspezifischen Herrschaft ist (Caputi & Russel, 1992).

Neben dem Begriff Femizid, der erstmals von Russell (2001a,b,c) vorgeschlagen wurde, um die von Männern an Frauen begangenen Morde zu charakterisieren, weil sie Frauen sind, gibt es auch den Begriff Feminizid, der von Lagarde (2006) nicht nur als Morde von Männern an Frauen, sondern auch als Staatsverbrechen definiert wird. In diesem Zusammenhang übernimmt die Studie die Verantwortung für die Verhütung von Risiken/Gefährdungen bei den Opfern, die im Hinblick auf die Verhütung und Beseitigung von Gewalt in der Gemeinschaft berücksichtigt werden müssen. Wir haben es also mit zwei Konzepten zu tun, die sich noch im Aufbau befinden, wobei einige Autoren beide Begriffe verwenden, obwohl sie in dem Land rechtlich nicht anerkannt sind (Pasinato, 2011).

Wie Sie sehen, haben wir in dieser Untersuchung den Begriff "Femizid" und nicht "Feminizid" verwendet, da sich unser Ziel eher auf den Tod von Frauen im Zusammenhang mit der von den *Medien* dargestellten Intimität bezieht. Mit der Untersuchung des Femizids in der nationalen Presse wollten wir dieses Phänomen genauer kennenlernen, das Gesamtproblem verstehen, die Gründe für die Täterschaft nachvollziehen, die Erzählungen über das Verbrechen des Femizids in Form und Inhalt verstehen, zu verstehen, wie sich diese medialen Narrative auf die Konstruktion der kriminellen Realität auswirken, die Risiko-/Gefahrenindikatoren und ihre Dynamik zu identifizieren, die wiederum notwendig sind, um eine Risikobewertung vorzunehmen, um sofort eingreifen zu können, um Femizid zu verhindern und dieses Risiko zu verringern. Die Untersuchung dieses Phänomens ermöglicht es also, Merkmale von Femizid aufzudecken, die es ermöglichen, ihn zu verhindern. Es ist wichtig, dass alle (Behörden, Nachbarn, Familien und der Staat) zusammenarbeiten, um strategische Programme zur Vorbeugung und zum Schutz der Opfer von häuslicher Gewalt und versuchtem Femizid umzusetzen, weshalb eine gründliche Kenntnis des Phänomens notwendig ist.

Die hier vorgelegte Arbeit gliedert sich in zwei Teile, von denen der erste die theoretische Komponente und der zweite die Darstellung der Methode und der erzielten Ergebnisse ist.

Der erste Teil beschreibt die theoretischen und empirischen Perspektiven auf Femizid und Femizid in den *Medien*. Der theoretische Rahmen basiert auf einer Überprüfung der Literatur und ist in zwei Kapitel unterteilt. Das erste Kapitel konzentriert sich auf die theoretischen Grundlagen der Definition von geschlechtsspezifischer Gewalt und Femizid und erläutert die allgemeine Katheterisierung von geschlechtsspezifischer Gewalt, ihre Statistiken und erklärenden Theorien. Im selben Kapitel werden die Definition von Femizid in der Intimsphäre, die Unterschiede zwischen den beiden Begriffen Femizid/Femizid und die nationalen und internationalen Erkenntnisse über Femizid erörtert, wobei die Statistiken über Femizid in Portugal kurz dargestellt und die durchgeführten Studien vorgestellt werden. Das zweite Kapitel befasst sich speziell mit der Art und Weise, wie die Presse den Femizid betrachtet, wobei der Einfluss von Presse- und *Medienberichten* auf die öffentliche Wahrnehmung des Verbrechens untersucht wird und versucht wird, die Rolle, die die *Medien in der* Gesellschaft spielen, aufzudecken.

Der zweite Teil der Untersuchung betrifft die Konzeption der empirischen Studie und ist in acht Punkte gegliedert: die Zielsetzung, die Ausgangsfrage, die Charakterisierung der Stichprobe, die Beschreibung der verwendeten Instrumente, die Datenverarbeitung und -analyse, die Beschreibung der Verfahren, die Darstellung der Ergebnisse und ihre Diskussion. Eine quantitative und qualitative Analyse der in der Zeitung Correio da Manha gesammelten Nachrichten.

Abschließend werden die Schlussfolgerungen aus dieser Studie vorgestellt und die verschiedenen Faktoren und/oder Indikatoren für ein sofortiges Eingreifen problematisiert. Dazu gehören die mangelnde Verantwortung der Aggressoren seitens der Nachbarn und Familienmitglieder, die Nachgiebigkeit der Nachbarn und die Verantwortung der Behörden. Große Aufmerksamkeit wird der Lösung dieser Probleme und den Empfehlungen für künftige Forschungen gewidmet, wobei auch auf die Grenzen hingewiesen wird, die im Verlauf dieser Studie aufgetreten sind.

TEIL I - THEORETISCHER RAHMEN

KAPITEL I - GESCHLECHTSSPEZIFISCHE GEWALT UND FEMIZID

In diesem Kapitel wird eine theoretische Grundlage durch das Konzept der geschlechtsspezifischen Gewalt gegen Frauen geschaffen, indem zunächst der Begriff des Geschlechts und die verschiedenen Formen der Gewalt gegen Frauen im Kontext der Intimität problematisiert werden. Zur besseren Veranschaulichung dieser Definition und Charakterisierung von geschlechtsspezifischer Gewalt werden wir auch kurz auf den rechtlichen Rahmen und die Statistiken zu diesem Phänomen eingehen. Anschließend werden einige erklärende Theorien über geschlechtsspezifische Gewalt aus psychologischer und soziologischer Sicht vorgestellt. Nach diesem Rahmen für geschlechtsspezifische Gewalt, der für das Verständnis des in dieser Untersuchung untersuchten Phänomens von grundlegender Bedeutung ist, gehen wir zur Konzeptualisierung von Femizid über, wobei kurz zwischen den Begriffen Femizid und Frauenmord unterschieden wird und auf nationale und internationale Belege für das Phänomen verwiesen wird.

1. Definition und allgemeine Merkmale von geschlechtsspezifischer Gewalt

Um die Definition von geschlechtsspezifischer Gewalt und/oder Gewalt gegen Frauen zu verstehen, müssen die Begriffe Gewalt und Geschlecht erläutert werden, denn Gewalt ist das Ergebnis ungleicher Machtverhältnisse in ehelichen Beziehungen und auch deshalb, weil Frauen manchmal nicht über finanzielle Autonomie verfügen und daher keine Macht haben, bestimmte Entscheidungen in der Familie zu treffen.

Der Begriff der Gewalt ist nicht allgemeingültig, da er eine Vielzahl von Bedeutungen hat, d. h. er hängt von der Kultur, dem Umfeld, in dem wir leben, und den von der Gesellschaft zugeschriebenen Werten ab, was genauere Erklärungen erfordert (Dias, 2004). Der portugiesische Verband für Opferhilfe (APAV, 2011) definiert Gewalt als die absichtliche Anwendung von physischer Gewalt oder Macht in Form einer Drohung gegen eine andere Person, Gruppe oder Gesellschaft, die zu Verletzungen, Tod, psychischen und physischen Schäden, Entzug oder Beeinträchtigung der Entwicklung führt oder führen kann.

In Bezug auf die Konzeptualisierung von Geschlecht stellen wir fest, dass die internationale Gemeinschaft seit den 1970er Jahren und insbesondere in den 1990er Jahren aufgrund der Forderungen der feministischen Bewegungen begann, die Notwendigkeit anzuerkennen, Geschlecht anders zu behandeln (Gebrim & Borges, 2014), was eine große soziale Herausforderung für Frauen darstellt (Antony, 2012). So kann das Geschlecht als kultureller und sozialer Faktor betrachtet werden, indem die Konstruktion von männlich und weiblich stattfindet und zu einem Spiegelbild der von der Gesellschaft bestimmten Muster wird, was letztlich zu ungleicher Macht und Gewalt führt (Saffioti, 1999). Unter diesem Gesichtspunkt stellt Gender in seinem Erklärungsgehalt jedoch eine Analyse der unterschiedlichen Interessen von Männern und Frauen dar, was einen theoretisch-strategisch-politischen Ansatz unabdingbar macht, um das gesellschaftliche Bewusstsein zu schärfen, insbesondere im Hinblick auf die Formen der Ungleichheit zwischen Menschen unterschiedlichen Geschlechts (Mirales, 2010) und die wirtschaftlichen, sozialen und kulturellen Realitäten, in denen sich diese Unterschiede manifestieren (Antony, 2012).

In diesem Sinne können wir den Begriff Geschlecht als soziales und kulturelles Konstrukt von männlich und weiblich betrachten, d. h. es ist die Gesellschaft, die ihn auf unterschiedliche Weise konstruiert.

In Bezug auf Gewalt gegen Frauen haben wir festgestellt, dass sich dieses Phänomen in den 1990er Jahren zu einem großen politischen (Lisboa, Miguens, Cerejo, & Favita, 2009) und sozialen Problem (Cabanas & Rodriguez, 2002) entwickelt hat, sowohl auf nationaler als auch auf internationaler Ebene, und dass diese Art von Gewalt eine der schwerwiegendsten Verletzungen der Grundrechte von Frauen in Bezug auf Würde, Gleichheit und Zugang zur Justiz darstellt (FRA - Agentur der Europäischen Union für Grundrechte, 2014).

Aus der Perspektive von Antony (2012) wird der Begriff Gender als ein sozialer Prozess und eine Strategie bezeichnet, um die Belange und Erfahrungen von Frauen in gleicher Weise wie die von Männern zu erreichen, wobei beide ein wesentlicher Bestandteil der Entwicklung und Umsetzung, Überwachung und Bewertung von Politiken und Programmen in allen Bereichen, d. h. im politischen, wirtschaftlichen und sozialen Bereich, sind, damit Frauen und Männer von gleichen Rollen profitieren können und keine Ungleichheiten mehr entstehen.

In diesem Zusammenhang wird deutlich, dass der Begriff der geschlechtsspezifischen Gewalt als eine politische Darstellung, die mit der feministischen Bewegung als Symbol des Kampfes verbunden ist, nicht einfach eine Frage der Wortwahl ist (Azambuja & Nogueira, 2007).

Gemäß dem Übereinkommen des Europarats zur Verhütung und Bekämpfung von Gewalt gegen Frauen und häuslicher Gewalt (Istanbul-Konvention)[1] ist Gewalt gegen Frauen Ausdruck historisch ungleicher Machtverhältnisse zwischen Frauen und Männern, die sich in einer Diskriminierung von Frauen durch Männer niederschlagen. Ferner wird festgestellt, dass Gewalt gegen Frauen strukturell

---

1 Entschließung der Versammlung der Republik Nr. 4/2013, vom 21. Januar.

auf dem Geschlecht beruht. Als solche ist diese Gewalt einer der entscheidenden sozialen Mechanismen, um Frauen in einer Position der Unterordnung gegenüber Männern zu halten (CIG, Kommission für Unionsbürgerschaft und Gleichstellung der Geschlechter, 2013).

Um die oben genannten Definitionen zu untermauern, haben wir auch andere Konzepte verschiedener Autoren berücksichtigt: Neves (2008) stellt fest, dass geschlechtsspezifische Gewalt Gewalt ist, die aus Ungleichheiten bei der Ausübung von Macht in ehelichen Beziehungen resultiert. Saffioti (2001) vertritt die Auffassung, dass geschlechtsspezifische Gewalt nicht nur als ein Phänomen zwischenmenschlicher Beziehungen behandelt werden kann, da sich dieses Phänomen auf die gesamte Sozialstruktur bezieht. Es handelt sich um ein weit gefasstes Konzept, das Opfer wie Frauen, Kinder, Jugendliche und ältere Menschen aus allen sozialen oder akademischen Schichten, Ethnien oder Religionen einschließt. Es ist daher klar, dass dieses Phänomen nicht nur im Zusammenhang mit Frauen, sondern auch mit anderen unterdrückten Gruppen behandelt werden kann. Darüber hinaus weist Menéndez (2014) darauf hin, dass sich diese Gewalt je nach sozialem, wirtschaftlichem und kulturellem Kontext auf unterschiedliche Weise manifestiert, nämlich durch Vergewaltigung, Prostitution, sexuelle Ausbeutung (Azambuja, 2008), *Stalking*, physische und/oder psychische Aggression, sexuelle Übergriffe und sexuelle Belästigung (FRA, 2014).

Aus dieser Perspektive lässt sich der Schluss ziehen, dass geschlechtsspezifische Gewalt ein zentrales Element für das Verständnis der sozialen Lage von Frauen ist. Gewalt gegen Frauen ist in unserer patriarchalischen Gesellschaft ein äußerst wichtiges Problem, das es zu erörtern gilt, nicht nur wegen der hohen Prävalenz, sondern auch wegen der physischen und psychischen Auswirkungen, die sie hat. Es gibt jedoch immer noch soziale Vorurteile gegenüber dieser Art von Verbrechen, da die Gesellschaft, obwohl sie sich bewusst ist, dass es sich um ein öffentliches Vergehen handelt, nicht eingreift oder es anzeigt - wie das alte Sprichwort sagt "zwischen Mann und Frau mischt sich niemand ein".

Mit Blick auf die portugiesische Realität wurde mit dem Beschluss Nr. 102/2013 des Ministerrats ein Programm der XIX. verfassungsgebenden Regierung zur Verstärkung der Maßnahmen zur Prävention und zum Schutz von Frauen, die Opfer häuslicher und/oder geschlechtsspezifischer Gewalt sind, verabschiedet. Der Fünfte Nationale Plan zur Verhütung und Bekämpfung von häuslicher und geschlechtsspezifischer Gewalt 2014-2017 (V PNPCVDG) wurde daher genehmigt.[2]

Gewährleistung des politisch-rechtlichen Rahmens für geschlechtsspezifische Gewalt in Portugal.

Da es sich streng auf die Annahmen der Istanbul-Konvention stützt, zielt es außerdem darauf ab, die

---

2 Beschluss des Ministerrats Nr. 102/2013 vom 31. Dezember. Der Plan wird von der Kommission für Staatsbürgerschaft und Geschlechtergleichstellung koordiniert.

Kultur der Gleichheit und Gewaltlosigkeit zu erweitern und Portugal zu einem Land ohne geschlechtsspezifische und häusliche Gewalt zu machen, in dem Frauen und Männer unabhängig von ihrer ethnischen Herkunft, ihrem Alter, ihrem sozioökonomischen Status, ihrer Religion, ihrer sexuellen Orientierung oder ihrer Geschlechtsidentität gleiche Chancen haben und in einer Gesellschaft ohne Gewalt und Diskriminierung leben können (Diàrio da Republica - 1.ª Serie, Nr. 253, 31. Dezember 2013). In dieser Hinsicht können wir feststellen, dass die Istanbul-Konvention die staatlichen Gesetze zur Bekämpfung aller Formen von Verletzungen der grundlegenden Menschenrechte erneuert und verstärkt hat. In diesem Sinne erkennt das VPNPCVDG auch die vorrangige Rolle der Ermittlungen an

und wissenschaftliches Eingreifen für die Weiterentwicklung des Begriffs der häuslichen Gewalt selbst, der nun stabilisiert und in den Artikel 150 des Strafgesetzbuchs aufgenommen wurde, der durch das Gesetz 19/2013 vom 21. Februar geändert wurde.

Am 8. März 2013 wurde die "Resolution der Versammlung der Republik Nr.41/20133"[*3] zur Förderung der Gleichstellung von Männern und Frauen am Arbeitsplatz verabschiedet, in der der Regierung vor allem empfohlen wird, diskriminierende Praktiken zwischen Männern und Frauen in der Arbeitswelt zu bekämpfen, die Einführung/Verfügbarkeit einer elektronischen Seite der Behörde für Arbeitsbedingungen, aktuelle und qualitativ hochwertige statistische Daten und die künftige Aufschlüsselung der Daten nach Geschlecht zu fördern. Im Großen und Ganzen gibt es in Portugal eine Reihe von Initiativen und Gesetzen, die dieses Problem zu beheben versuchen. Wie Pais (1998) feststellte, dauert es jedoch lange, bis sich gesetzliche Änderungen in der Praxis durchsetzen, was bedeutet, dass die Schwierigkeiten der Frauen eher auf der Ebene der Legitimität als der Legalität liegen, da die Frauen selbst bestimmte Ideologien teilen, die die Vorherrschaft der männlichen Macht begünstigen.

1.2. Statistik über geschlechtsspezifische Gewalt

In diesem Abschnitt werden nationale Statistiken über geschlechtsspezifische Gewalt für die Jahre 2009 bis 2014 vorgestellt, indem die Berichte der Internen Verwaltung und Sicherheit (RASI) und die Berichte der Portugiesischen Vereinigung für Opferhilfe (APAV) analysiert werden. Außerdem werden die Ergebnisse nationaler und internationaler Studien über die Prävalenz der Tat und die am häufigsten von den (Ex-)Partnern ausgeübten Arten von Gewalt analysiert.

In diesem Zusammenhang wurde 1995 die erste Studie in Portugal mit dem Titel "Gewalt gegen Frauen" von der damaligen Kommission für Gleichberechtigung und Frauenrechte im Rahmen einer nationalen Erhebung durchgeführt, die einen ersten Überblick über die Prävalenz des

---

3 Staatsanzeiger, 1. Serie - Nr. 65 - 3. April 2013.

Phänomens der geschlechtsspezifischen Gewalt lieferte (INVG, 20062008).

Die Literaturrecherche hat uns gezeigt, dass Gewalt gegen Frauen in unserer Gesellschaft immer sichtbarer wird. In diesem dynamischen Kontext präsentiert RASI (2009) Statistiken für das Kalenderjahr 2008, aus denen hervorgeht, dass 63,3 Prozent der Fälle von Gewalt gegen Frauen bei der Polizei für öffentliche Sicherheit (PSP) und die restlichen 36,4 Prozent bei der Nationalen Republikanischen Garde (GNR) eingegangen sind, wobei 85 Prozent der Opfer weiblich waren. Im Jahr 2009 wurden von der GNR und der PSP 30.543 Anzeigen wegen Gewaltanwendung registriert. Gegenüber 2008 (27.747 Fälle) bedeutet dies einen Anstieg um rund 10 Prozent. 82,6 Prozent der identifizierten Opfer (28.868 Fälle) waren weiblich (RASI, 2009), was einen Rückgang des Prozentsatzes der weiblichen Opfer im Vergleich zum Vorjahr zeigt, aber es ist immer noch das Geschlecht, das in dieser Opfer/Täter-Dichotomie am häufigsten vertreten ist.

Statistiken zeigen, dass 2010 von den 31.235 von den Sicherheitskräften (FS), 12.742 von der GNR und 18.493 von der PSP gemeldeten Fällen von Menschenhandel rund 82 Prozent weiblich waren. Dies entspricht einem Anstieg von 2 Prozent gegenüber 2009 (30.543 Fälle) (RASI, 2010). Im Jahr 2011 gab es 28.980 Fälle von DV, was im Vergleich zum Vorjahr einem Rückgang von 7,2 % entspricht. Rund 82 Prozent der Opfer waren weiblich (RASI, 2011).

Im Jahr 2012 wurden von den Sicherheitskräften (FS) - GNR und PSP - 26.678 Anzeigen wegen sexueller Belästigung registriert, etwa 82 % der Opfer waren Frauen, ein Rückgang um 10 % im Vergleich zu 2011 (RASI, 2012). Im Jahr 2013 belief sich die Gesamtzahl der Straftaten, die im Zusammenhang mit DV begangen wurden, auf 27.318 (RASI, 2013).

82,8 % der Opfer waren weiblich, wie die APAV im Jahr 2014 feststellte. Wir können feststellen, dass es einen Anstieg von mehr als 640 Fällen von Gewalt gegen Frauen gab, was einem Anstieg von 2,4 % der weiblichen Opfer im Vergleich zum Vorjahr entspricht. Im Jahr 2014 wurden laut RASI (2014) 27.317 Fälle von Gewalt gegen Frauen registriert, etwa 81 % der Opfer waren weiblich, und es gab einen verbleibenden Rückgang von -0,004 % gegenüber dem Vorjahr, d. h. einen Fall weniger als 2013.

Aus nationalen Studien geht hervor, dass nach der Analyse der Ergebnisse der Nationalen Erhebung über die sozialen Kosten von Gewalt gegen Frauen aus dem Jahr 2002 im Hinblick auf die drei am häufigsten gegen weibliche Opfer verübten Arten von Gewalt festgestellt wurde, dass sich 30 % der Frauen in den letzten 12 Monaten und in den vorangegangenen Jahren als Opfer von mindestens einer Gewalttat sahen (Lisboa, 2006, S. 45). Hinsichtlich des Ortes, an dem Gewalttaten verübt werden, stellten sowohl die Studien von Lourenço, Lisboa und Pais (1997) als auch Lisboa (2006) fest, dass das Elternhaus der Ort ist, an dem Frauen am ehesten Opfer von Gewalt werden.

In internationalen Kontexten wie den Vereinigten Staaten von Amerika (USA) stellt geschlechtsspezifische Gewalt in der Intimsphäre ein großes Problem für die in diesem Land lebende lateinamerikanische Gemeinschaft dar (Brabeck & Guzman, 2009). Nach Angaben der Weltbank erleiden etwa 70 % der Frauen im Laufe ihres Lebens irgendeine Art von Gewalt, und Frauen im Alter zwischen 15 und 44 Jahren werden häufiger Opfer von Vergewaltigung und Gewalt gegen Frauen (Hochmüller, 2014).

Eine von Campbell (2002) in einem in der Zeitschrift *Lancet* veröffentlichten Übersichtsartikel durchgeführte Studie in den USA und Kanada, die sich auf Erhebungen im Zeitraum 1985-1998 stützt und darauf abzielt, die von Frauen, die Opfer häuslicher Gewalt sind, am häufigsten ausgeübten Arten von Gewalt zu ermitteln, ergab, dass 8 bis 14 % der Frauen angaben, von ihren Freunden und Ex-Partnern körperlich angegriffen worden zu sein.

Die Ergebnisse von Studien in mehr als 80 Ländern, die von der Weltgesundheitsorganisation (WHO) in Zusammenarbeit mit der London School of Hygiene and Tropical Medicine und dem Medical Research Council durchgeführt wurden, gehen davon aus, dass weltweit 35 % der Frauen körperliche und/oder sexuelle Gewalt durch ihre Partner oder Ex-Partner in einer intimen Beziehung erlitten haben (WHO, 2014).

Dennoch gibt es weitere europäische Studien der FRA (2014) über Gewalt gegen Frauen, die 42.000 Frauen in 28 Mitgliedstaaten der Europäischen Union (EU) betreffen. Diese Studien zeigen das besorgniserregende Ausmaß des Phänomens und unterstreichen die Notwendigkeit für Europa, mehr und bessere Antworten zu entwickeln. Insbesondere in Portugal zeigen die Ergebnisse, dass fast alle befragten Frauen (93 %) anerkennen, dass geschlechtsspezifische Gewalt in ihrem Land sehr verbreitet sein kann. Auch in der Tschechischen Republik bestätigen 54 % der Frauen die Meinung der portugiesischen Frauen, und mehr als 50 % der Frauen in den EU-Mitgliedstaaten insgesamt sehen in dieser Gewalt ein ernstes Problem.

Die von der FRA (2014) vorgelegten Daten bestätigen die von der WHO vorgelegten Daten, da sie darauf hinweisen, dass zwischen 9,6 % und 67,8 % der Frauen angaben, Opfer irgendeiner Form von körperlicher und/oder sexueller Gewalt durch einen Intimpartner oder eine andere Person gewesen zu sein.

Abschließend stellt Antony (2012, S. 25) fest, dass die hohe Rate der geschlechtsspezifischen Gewalt auf eine Zunahme der sozialen Gewalt zurückzuführen ist, die eines der größten Probleme des panamaischen Staates darstellt. Es lässt sich feststellen, dass mit dem Rückgang der Gewalt gegen Frauen sowohl im familiären als auch im außerfamiliären Umfeld die Kriminalität zurückgegangen ist. Das Hauptaugenmerk liegt jedoch auf der Beseitigung dieser Art von Gewalt in der Familie, um Frauen und ihre Kinder vor männlichen Angreifern zu schützen.

Generell ist festzustellen, dass die Statistiken über geschlechtsspezifische Gewalt in den verschiedenen untersuchten Jahren ein Gleichgewicht der Fälle von Gewalt gegen Frauen zeigen, so dass wir feststellen können, dass diese Art von Gewalt in der portugiesischen Gesellschaft sehr präsent ist. Wir müssen jedoch darauf hinweisen, dass im Vergleich zu den Vorjahren ein deutlicher Anstieg zu verzeichnen ist.

2. Theorien zur Erklärung geschlechtsspezifischer Gewalt

Es gibt mehrere Theorien, die das Phänomen der geschlechtsspezifischen Gewalt erklären. In dieser Untersuchung werden wir uns auf die feministische Theorie konzentrieren, weil es die Theorie ist, mit der ich mich identifiziere, weil Feministinnen für die Gleichstellung der Geschlechter kämpfen, für die Stimme der Frauen in der Gesellschaft kämpfen, versuchen, kulturelle Mythen zu beseitigen, insbesondere die der "Macho"-Gesellschaft, und weil sie dazu beigetragen haben, dieser Art von Verbrechen mehr Aufmerksamkeit zu widmen.

Auf der anderen Seite strebt der Feminismus eine egalitäre Ausgestaltung der Menschenrechte an, insbesondere für Frauen, und konzentriert sich auf die Dekonstruktion der Stereotypen der patriarchalischen Gesellschaft. Diese Theorie hat eine wichtige Rolle dabei gespielt, den Opfern eine Stimme zu geben und ihre Rechte zurückzuerobern, insbesondere bei der Verbesserung der Arbeitsbedingungen, dem Zugang zu Bildung, der Gewaltprävention, der Dekonstruktion kultureller Stereotypen und der Entwicklung von Interventionspraktiken (z. B. Schutzräume und Selbsthilfegruppen, Branco, 2007).

Der Feminismus trug zu den ersten theoretischen Erklärungen der Gewalt gegen Frauen bei (Caridade & Machado, 2013) und ebnete den Weg für eine politische Debatte über die tatsächlichen Auswirkungen des Patriarchats und der familiären Privatsphäre (Fâvero (Koord.) & Neves, 2010). Sie versuchten auch, die individuellen und sozialen Erfahrungen von Frauen im Lichte der politischen Zwänge zu verstehen (Neves & Nogueira, 2004). Die ersten öffentlichen Anprangerungen von Ungleichheiten zwischen den Geschlechtern kamen von Feministinnen, die eine Reihe von Viktimisierungserfahrungen aufzeigten, denen das weibliche Geschlecht ausgesetzt war, insbesondere in intimen Räumen und Kontexten (z. B. in der Familie und in intimen Beziehungen) (Neves & Nogueira, 2003).

Daher werden im Folgenden psychologische und soziologische Perspektiven vorgestellt, die helfen sollen, die Existenz oder das Auftreten von Gewalt gegen Frauen zu erklären.

2.2. Psychologische Perspektiven

2.2.1. Intra-individuelle Theorien

Dieser Ansatz konzentriert sich auf die Einstellungen von Aggressoren und Opfern auf der

Grundlage ihrer biologischen und psychologischen Merkmale und versucht, ihr Verhalten zu verstehen, um die Gründe zu ermitteln, warum manche Männer ihre Frauen überfallen (Branco, 2007). Die Psychopathologie kann ebenfalls zu diesen Aggressionen beitragen, insbesondere im Hinblick auf das Ausmaß der Aggression, da das Ausmaß der Aggression umso wahrscheinlicher ist, je mehr sie mit einer dysfunktionalen Persönlichkeit oder einer psychopathologischen Störung des Aggressors in Verbindung gebracht wird (Matos, 2003).

Diese Theorien liefern auch einige Erklärungen für das gewalttätige Verhalten von Aggressoren, die mit psychischen Störungen und dem Vorhandensein von Risikofaktoren wie Reizbarkeit, Stresssituationen, geringem Selbstwertgefühl, mangelndem Einfühlungsvermögen, fehlenden sozialen Fähigkeiten und der Unfähigkeit der Aggressoren, ihre Probleme direkt zu bewältigen, in Verbindung gebracht werden können, wobei die Opfer das einfachste Ziel sind, um ihre Frustrationen und ihre Wut loszuwerden (Matos, 2003).

Unter diesem Gesichtspunkt nennt Pagelow (1984) einige Merkmale weiblicher Opfer und ihre Neigung zur Viktimisierung, wie z. B.: psychische Störungen, *Stress,* Drogenmissbrauch, depressive Symptome (z. B. geringes Selbstwertgefühl, Konzentrationsschwäche, Müdigkeit und negative Gedanken, Selbstbeschuldigung), geringe Intimität und Unvereinbarkeit mit dem Ehepartner.

2.2.2. Dyadische Familientheorien

Diese Perspektiven gehen davon aus, dass die Ursache für gewalttätiges Verhalten in den Familienbeziehungen liegt (Almeida, 2008).

Familiendyadische Theorien gehen auf eine Reihe von Theorien zurück, wobei in dieser Arbeit der Schwerpunkt auf der Theorie der intergenerationalen Natur von Gewalt liegt, die besagt, dass das Verhalten von Menschen durch das soziale Umfeld, insbesondere die Familie, beeinflusst wird. Dieser Theorie zufolge werden Menschen, die bereits in der Kindheit Opfer von Gewalt waren oder diese miterlebt haben, im Erwachsenenalter eher zu Aggressoren (Branco, 2007). Sie besagt also, dass die Gewalterfahrung auch ein Modell für die Opferrolle darstellt. Einige Forschungsarbeiten weisen auch darauf hin, dass elterliche Gewalt in der Kindheit das Viktimisierungsrisiko von Frauen im Erwachsenenalter erhöht und dass sie möglicherweise lernen, dass Liebe die Gewalt des Ehepartners legitimiert (Matos, 2003).

Bemerkenswert ist auch die Theorie des sozialen Lernens, die erklärt, dass das Individuum ein Produkt des sozialen Kontextes ist, und die die Rolle der Familie bei der Verstärkung der Modellierung von Zwang, Werten und Verhaltensweisen, die Gewalt ermöglichen, hervorhebt (Branco, 2007). Auf diese Weise bestätigt diese Theorie die Idee, dass aggressives Verhalten erlernt und/oder erworben wird und von einem sozialen Standpunkt aus betrachtet werden kann (Neves, 2008), wobei erklärt wird, dass ein Kind, das Gewalt zwischen den Eltern erlebt oder in der Kindheit missbraucht wurde, dieses gewalttätige Verhalten nachahmen kann oder auch nicht (Caridade, 2011).

Es wurde auch Kritik geäußert, insbesondere hinsichtlich des Zusammenhangs zwischen Viktimisierung in der Kindheit und gewalttätigem Verhalten im Erwachsenenalter, da dieser nicht so linear zu sein scheint (Pagelow, 1984). Eine gewalttätige Vergangenheit ist nicht immer ausschlaggebend für einen gewalttätigen Erwachsenen, vor allem, wenn es vermittelnde Faktoren gibt, wie z. B. den Kontakt mit anderen, nicht gewalttätigen Umgebungen (Almeida, 2008).

Obwohl diese Theorie dafür kritisiert wurde, dass sie die Auswirkungen von globaleren Aspekten, nämlich Geschlechter- und Machtfragen, auf das soziale Lernen des Einzelnen nicht hervorhebt, wird sie gleichzeitig dafür gelobt, dass sie Fragen der psychosozialen Entwicklung berücksichtigt, um männliche Gewalt zu erklären, und dass sie, wie die Familiensystemtheorie, die intergenerationale Übertragung von Gewalt in der Ehe vorschlägt (Machado, Gonçalves & Vila-Lobos, 2002).

2.2.3. Soziokulturelle Perspektiven

Soziokulturelle Perspektiven gehen von der Prämisse aus, dass Gewalt gegen Frauen aus dem religiösen, politischen und kulturellen Modell herrührt, das historisch die Vorherrschaft der Männer über die Frauen legitimiert hat und damit die Rechtfertigung für die Anwendung von Gewalt zur Bestrafung und/oder Bestrafung des Ungehorsams von Frauen legitimiert (Schechter, 1982, zitiert in Neves, 2008). Bei diesem Ansatz wird die Gewalt gegen Frauen als Ergebnis ihrer historischen Behandlung und der aktuellen patriarchalischen Gesellschaft verstanden (Matos, 2003). Innerhalb dieser Perspektive gibt es feministische Theorien, die nach Ansicht der Autoren (Neves und Nogueira, 2005) auf einem inklusiven Ansatz beruhen, der die vollständige Gleichstellung der Geschlechter im öffentlichen und privaten Bereich fördert, d. h. sie kämpfen stets für die Gleichstellung der Geschlechter in allen sozialen und politischen Schichten).

2.2.4. Feministische Theorien

Feministische Bewegungen haben in erster Linie die semantische und pragmatische Analyse der Geschlechterfrage betont und in der Folge die Gewalt gegen Frauen im Rahmen der geschlechtsspezifischen Gewalt artikuliert (Fàvero (coord.) & Neves, 2010).

In diesem Fall zeigt sich die Entwicklung der Konzepte von Geschlecht und Macht deutlich in der Art und Weise, wie die feministischen Studien ihren Ansatz in den letzten drei Jahrzehnten diversifiziert haben. Mit Hilfe der Kategorie Geschlecht konnte das feministische Denken erklären, warum Männer und Frauen die gleichen Eigenschaften haben, um in den öffentlichen Raum einzugreifen und daran teilzunehmen (Simoes, 2007). Im Rahmen dieser Theorie wurden Fragen zu den Problemen der Gewalt aufgeworfen, sowohl als Mittel der Männer zur Kontrolle ihrer Frauen und Kinder als auch als Ausdruck von Macht (Dias, 2004).

Pierotti (2013) zufolge waren die feministischen Bewegungen in den westlichen Ländern eine wichtige Quelle für die Bestätigung der Ideologie und die Finanzierung der Bemühungen, geschlechtsspezifische Gewalt als transnationales Problem zu beleuchten. Die globale Ungleichheit der Macht zwischen den Geschlechtern wurde von Männern als Mittel zur Ausübung von Dominanz und Kontrolle über Frauen genutzt (Saavedra & Machado, 2012). Gewalt wird als wirksames Mittel zur Unterordnung von Frauen eingesetzt und ist als wirksames Mittel der sozialen Kontrolle anerkannt. Feministischen Theorien zufolge ist soziale Herrschaft der entscheidende Faktor für die Aufrechterhaltung von Gewalt gegen Frauen (Dias, 2010).

Nach Simoes (2007) gehen diese Theorien davon aus, dass Männer durch Angst das Verhalten von Frauen kontrollieren, ihre öffentliche Teilhabe einschränken und die Kontrolle über soziale Einrichtungen aufrechterhalten können. Darüber hinaus betrachten feministische Studien über geschlechtsspezifische Gewalt insbesondere die Gewalt gegen Frauen als eine der Säulen des Patriarchats und damit verbunden die Position der männlichen symbolischen Herrschaft (Almeida, 2014). Auf diese Weise entsteht und reproduziert die Theorie des Patriarchats als Form der sozialen Organisation die Beherrschung von Frauen durch Männer und wird Teil der feministischen Ideologie (Simoes, 2007). Daraus folgt, dass die Ungleichheiten zwischen den Geschlechtern und die Vorherrschaft der Macht nicht nur zu Gewalt gegen Frauen führen, sondern auch für die soziokulturelle Toleranz verantwortlich sind (Dias, 2010), d. h. Gewalt gegen Frauen ist darauf zurückzuführen, dass Männer Gewalt anwenden, um ihre Macht- und Kontrollposition zu erhalten (Matos, 2003).

3. Konzeptualisierung von Femizid

Femizid ist sowohl in der nationalen als auch in der internationalen Forschung immer noch ein wenig erforschtes Thema.

Zunächst einmal ist es wichtig, klarzustellen, dass der Begriff Femizid geprägt wurde, um den leidenschaftlichen Charakter der Morde an Frauen zu entmystifizieren. Im Folgenden werden wir verschiedene Definitionen des Femizids vorstellen und versuchen, die Ursprünglichkeit dieses Phänomens zu verstehen, wer den Begriff zuerst verwendet hat, den Kontext zu verstehen, in den der Femizid eingefügt wird, sowie zwischen den beiden Begriffen (Femizid/Feminizid) zu unterscheiden und schließlich eine kritische Analyse vorzunehmen.

3.2. Definition von Femizid in der Intimsphäre

Erst in den 1970er Jahren wurden spezifischere Definitionen von Femizid entwickelt (Stout, 2001). Der Begriff wurde erstmals 1976 in Brüssel verwendet, als Diana Russell vor dem Internationalen Tribunal für Verbrechen gegen Frauen aussagte, um das Verbrechen der Ermordung von Frauen durch Männer zu charakterisieren, weil sie Frauen waren (Caputi & Russell, 1992). Als Russell den Begriff verwendete, gab sie keine ausdrückliche Definition des Konzepts.

Später, im Jahr 1990, legten Russell und Caputi eine vollständige Definition dieses Konzepts vor und definierten Femizid als "die Ermordung von Frauen durch Männer, die durch Hass, Verachtung, Vergnügen oder ein Gefühl des Besitzes von Frauen motiviert ist", womit er die extremste Form der Gewalt darstellt (Caputi & Russell, 1990, S. 15). Im Jahr 1992 fügten Radford und Russell der Definition dieses Begriffs jedoch das Wort Misogynie hinzu (Russell, 2001b). In Anlehnung an diese Definition erkannte Russell (2001a, c) das Geschlecht als Grundlage für Hassverbrechen an, d. h. er konzeptualisierte Femizid als ein geschlechtsspezifisches Hassverbrechen. In Übereinstimmung mit Caputi und Russell (1992) wird der Femizid als eine Form des sexistischen Terrorismus betrachtet, die mit dem Tod der Frau endet.

Nach Cabanas und Rodriguez (2002) trägt das Konzept des Femizids dazu bei, Argumente zu entkräften, die besagen, dass Gewalt aufgrund von Geschlechterungleichheit eine persönliche oder private Angelegenheit ist, und zeigt, dass sie zutiefst sozialer und politischer Natur ist und das Ergebnis von Machtbeziehungen zwischen Männern und Frauen in der Gesellschaft.

Darüber hinaus hat Russell (2001a) einen sehr wichtigen Punkt bezüglich der Konzeptualisierung von Femizid angesprochen. Sie erweitert diesen Begriff über die Frauenfeindlichkeit hinaus, indem sie ihn durch den Begriff "sexistisch" hervorhebt, d. h. sie hält Frauenfeindlichkeit im Zusammenhang mit Männern, die Frauen aus Hass ermorden, für sehr begrenzt, da sexistische Morde im Allgemeinen Morde umfassen, die von Männern begangen werden, die durch Gewaltanwendung, Überlegenheit gegenüber Frauen, Machtbeherrschung, das Gefühl, dass Frauen ihr Eigentum sind, Motive der Leidenschaft usw. motiviert sind.

Wie oben dargestellt, ist Femizid daher die extremste Ausprägung eines *Kontinuums von Gewalttaten*, die als Folge eines kulturellen Musters definiert werden, das über Generationen hinweg erlernt und weitergegeben wird (Pasinato, 2011).

Aus demselben Blickwinkel betrachtet, schließt Russell (2001b) den Begriff der Intentionalität nicht in ihr Konzept des Femizids ein, da ihrer Meinung nach nicht alle Todesfälle von Frauen absichtlich geschehen. So kann beispielsweise in einigen Fällen von Femizid der Angreifer nicht die Absicht gehabt haben, die Frau zu töten, als er sie körperlich angriff, aber der Femizid wurde durch diese Gewalttat ausgelöst.

Diese Definition wird nicht von allen Forschern akzeptiert, wie z. B. von Campbell und Runyan (1998), die argumentieren, dass Femizid der Mord an allen Frauen ist, unabhängig vom Motiv oder der Beziehung zwischen Täter und Opfer. Diese Autoren argumentieren, dass das Motiv für die Begehung von Femizid nicht immer bestimmt werden kann, d. h. die Rolle des Geschlechts kann in der Definition von Femizid implizit enthalten sein oder auch nicht, und aus diesem Grund sollte eine strenge Analyse durchgeführt und Russells Qualifikation von Femizid (Männer töten Frauen, weil sie Frauen sind) zurückgenommen werden. Sie sind der Ansicht, dass diese Definition subjektiv ist und daher in einigen Fällen ein gewisses Maß an Zweideutigkeit aufweist. So könnten die Todesfälle mit verschiedenen Arten von Gewalt in Verbindung gebracht werden: körperlicher, emotionaler und sexueller Missbrauch, die Verwendung von Frauen in der Pornografie, sexuelle Ausbeutung, Sterilisation oder erzwungene Mutterschaft, *Stalking* und Besessenheit, die alle als Femizid bezeichnet werden können.

Aus einer anderen Perspektive der Analyse des Konzepts des Femizids hat die Union alternativer und verantwortungsbewusster Frauen (UMAR) ebenfalls begonnen, das Konzept des Femizids zu verwenden, um sich auf Morde an Frauen zu beziehen und den Kontext ihres Auftretens zu bewerten, wodurch sie sich von Morden im Kontext von Gewaltverbrechen im Allgemeinen unterscheiden. Es darf jedoch nicht außer Acht gelassen werden, dass Femizide das Ergebnis der Ungleichheit zwischen Männern und Frauen sind, die auf einer patriarchalischen Gesellschaft beruht, die die Diskriminierung aufgrund des Geschlechts weiterhin aufrechterhält und legitimiert (UMAR, 2013). Der Begriff Femizid wurde jedoch von Feministinnen entwickelt, die geschlechtsspezifisch motivierte Tötungsdelikte betonen (Mills, 2001). Diese Sichtweisen beruhen auf lang gehegten Mythen, die das wahre Ausmaß des Problems sowie die Erfahrungen von Frauen und die Verantwortung von Männern verschleiern und leugnen (Cabanas & Rodriguez, 2002).

Schließlich sind einige Feministinnen der Ansicht, dass Misogynie, Machismo und die Kontrolle von Frauen, die sich aus dem patriarchalischen System ergeben, prädisponierende Faktoren für Gewalt und Femizid sind (Wright, 2011). Wir können also sagen, dass aus feministischer Sicht die patriarchalische Gesellschaft die Gewalttaten beeinflussen kann.

Da Mord jedoch den Endpunkt eines *Kontinuums* geschlechtsspezifischer Gewalt darstellt, kann die Sensibilisierung für dieses Verbrechen zu einer größeren Sensibilisierung der Gesellschaft beitragen, was zu einer höheren Zahl von Anzeigen, einer besseren Identifizierung von Situationen der Gefährdung und einer wirksameren Bekämpfung dieses Problems führt, da es als soziales Problem betrachtet wird (Meneghel, 2012).

Im Allgemeinen verstehen wir unter Femizid die Tötung von Frauen infolge einer Straftat, die von

17

Männern begangen wird, mit denen sie eine intime Beziehung unterhalten oder unterhalten haben. Wir sind uns jedoch darüber im Klaren, dass einige Autoren das Phänomen unterschiedlich konzeptualisieren, wie z. B. Russell, der den Femizid mit Frauenfeindlichkeit in Verbindung bringt, die durch Hass, Gefühle des Besitzes usw. motiviert ist, und Campbell und Runyan, die diese Definition nicht akzeptieren, sondern alle Tötungen von Frauen ohne Einfluss des Motivs des Täters.

3.2.1. Unterschiedliche Verwendung des Begriffs "Femizid" oder "Feminizid

Derzeit wird viel über die Verwendung des Begriffs Femizid oder Feminizid diskutiert (CLADEM, 2012). Es zeigt sich, dass in der untersuchten Literatur zu Femizid und Feminizid die Unterscheidung zwischen diesen beiden Begriffen nicht einheitlich ist.

Sanford (2008) verwendet den Begriff Feminizid aus einer eher politischen Perspektive, da dieser Begriff nicht nur die Tötung von Frauen durch Männer (Femizid) umfasst, sondern auch die staatlichen und juristischen Strukturen, die Frauenfeindlichkeit normalisieren, so dass Straflosigkeit, Schweigen und Gleichgültigkeit eine grundlegende Rolle bei Feminiziden spielen. Feminizid wurde jedoch erstmals von Lagarde (2006) als staatliches Verbrechen beschrieben, d. h. es handelt sich nicht nur um Gewalt, die von Männern gegen Frauen ausgeübt wird, sondern auch um eine soziale, sexuelle, rechtliche, wirtschaftliche, politische und ideologische Vormachtstellung von Männern gegenüber Frauen unter Bedingungen der Geschlechterungleichheit. Sie fügt hinzu, dass der Staat für die Prävention, die Behandlung und den Schutz von Frauen, die Opfer geschlechtsspezifischer Gewalt geworden sind, verantwortlich ist und die Freiheit und Sicherheit der Frauen gewährleisten muss. Sie macht den Staat auch für die fehlende Verurteilung und Bestrafung von Angreifern verantwortlich und macht den Staat für seine Duldung oder Unterlassung von Femizid verantwortlich.

In diesem Sinne fügt Sanford (2008) hinzu, dass das Konzept des Femizids entstanden ist, um die Mythen und/oder Überzeugungen zu zerstören, die über geschlechtsspezifische Gewalt als private Sphäre bestehen, und um den sozialen Charakter der Ermordung von Frauen als Ergebnis von Machtbeziehungen zwischen Männern und Frauen aufzuzeigen. Es wirft jedoch eine andere Frage auf, nämlich die der rechtlichen, politischen und kulturellen Analyse der institutionellen und sozialen Reaktionen auf dieses Phänomen.

Um die oben genannten Argumente zur Definition von Femizid zu untermauern, stellen wir einige Konzeptualisierungen des Begriffs durch verschiedene Autorinnen und Autoren vor: Nach Hochmüller (2014) ist Femizid eine schwerwiegende Verletzung der Menschenrechte, weil er den Opfern ihr Leben und ihre Freiheit nimmt. Aguiliar (2005) bestätigt, dass der Begriff über frauenfeindliche Morde hinausgeht und auf alle Formen von sexistischen Morden angewendet wird.

Atencio (2012) fügt dem Problem eine politische Dimension hinzu, die sich gegen den als neutral bezeichneten Begriff "Mord" wendet, da er die Identifizierung des Geschlechts der Opfer ermöglicht.

Aus dieser ideologischen Perspektive, wie sie von den oben genannten Autoren definiert wurde, muss hervorgehoben werden, dass Femizid dazu führt, dass dem Staat eine besondere Verantwortung zugewiesen wird, vor allem, um Gesetze zur Bestrafung von Femizid-Tätern zu erneuern und ein Umfeld der Straflosigkeit zu schaffen.

Der von Russell (2001a, b) definierte Begriff "Femizid" bezieht sich auf Hassverbrechen gegen Frauen, und Stout (1992) stellt fest, dass es sich dabei zweifellos um die schwerste und extremste Form von Gewalt im Kontext von Intimbeziehungen und der Viktimisierung von Frauen handelt. Almeida (2012) stellt fest, dass Aggressoren nicht nur wegen ihres Kontrollverlusts töten, sondern auch, weil sie die Kontrolle über ihre Partner ausüben wollen.

Wir stellen also fest, dass der Begriff Femizid eher von Männern begangen wird, die Familienmitglieder, Freunde oder Bekannte sind, mit anderen Worten, dass er in einem intimen Kontext stattfindet, wir können sagen, dass er eher mit Männlichkeit, der Macht der Beherrschung, der Unterwerfung von Frauen durch Männer zu tun hat.

Es zeigt sich, dass diese beiden Begriffe in der feministischen Literatur seit den 1990er Jahren entwickelt und diskutiert werden, um das sexistische Substrat in unzähligen Morden und Tötungen von Frauen, den Androzentrismus scheinbar neutraler Figuren wie Mord und Totschlag sowie die direkte oder indirekte Verantwortung des Staates für diese Phänomene angesichts der Unzulänglichkeiten bei ihrer Beurteilung durch die Justiz aufzuzeigen (Vàsquez, 2009). In den spanischsprachigen Ländern werden "Femizid" oder "Feminizid" für den Tod einer Frau aufgrund ihres Geschlechts verwendet, während in Lateinamerika diese beiden Begriffe von feministischen Bewegungen zu politischen Zwecken verwendet werden, um Gewalt gegen Frauen anzuprangern und die Täter zu bestrafen (Gebrim & Borges, 2014). Von "Femizid" oder "Feminizid" zu sprechen, bedeutet also, ein Phänomen anzusprechen, dessen Ursache nicht von einer sozialen Struktur getrennt ist, da es eine theoretisch-politische Dimension hat (Gomes, 2012).

Die beiden Begriffe "Femizid" und "Feminizid" werden in Lateinamerika zwar austauschbar verwendet, beziehen sich aber auf den Sexualmord an Frauen. Sie unterscheiden sich daher von neutralen Morden (Gebrim & Borges, 2014). Dies ermöglicht es uns auch, den legalistischen Diskurs zu überwinden, der auf engen und diskreten Definitionen des gewalttätigen Geschlechts beruht, die die Realität von Frauen verzerren und leugnen können (Radford & Russell, 1992).

3.3. Nationale und internationale Erkenntnisse über Femizid

Im Hinblick auf die nationalen Erkenntnisse über Femizide im Intimbereich präsentieren wir statistische Daten über Frauen, die von ihren (Ex-)Partnern ermordet wurden, in zusammengefasster Form von UMAR von 2004 bis 2014. Diese Studien zielten darauf ab, das Wissen über das Phänomen des Femizids in Portugal zu systematisieren.

Globale Daten der Beobachtungsstelle für ermordete Frauen (OMA) zu Femizid in der Intimsphäre und versuchtem Femizid zeigen, dass diese Art von Verbrechen trotz zahlreicher Fortschritte in der portugiesischen Gesetzgebung nicht zurückgegangen ist und im Jahr 2014 einen hohen Prozentsatz aufwies.

In den Jahren 2004, 2005, 2006 und 2007 gab es jeweils 40 Femizide, 34 Femizide, 36 Femizide, 22 Femizide und 59 versuchte Femizide. Die Zahl der Femizidfälle ist zurückgegangen. Von 2008 bis 2014 war die Zahl der Fälle ausgeglichen. 2008 gab es 46 vollendete Femizide und 36 versuchte Femizide, was einen besorgniserregenden Anstieg in diesem Bereich darstellt, während es 2009 29 Femizide und 28 versuchte Femizide gab. Für das Jahr 2010 haben wir 44 vollendete Femizide und 39 versuchte Femizide analysiert, was einen weiteren Anstieg gegenüber dem Vorjahr bedeutet. Im Jahr 2011 stellten wir einen Rückgang der Femizide und einen Anstieg der versuchten Femizide fest: 27 Femizide und 44 versuchte Femizide. Im Jahr 2012 stieg die Zahl der Fälle wieder an, mit 41 Femiziden und 57 versuchten Femiziden. Die Zahlen für 2013 belaufen sich auf insgesamt 37 Femizide und 36 versuchte Femizide, und 2014 gab es einen Anstieg der Femiziddelikte mit 43 Femiziden und 49 versuchten Femiziden.

So haben wir festgestellt, dass 2008 das Jahr mit dem höchsten Prozentsatz an Femiziddelikten war. Darüber hinaus konnte festgestellt werden, dass seit Beginn der Beobachtungsstelle die im Laufe der Jahre (2004-2014) gesammelten Daten bestätigen, dass die von den Angreifern begangenen Femiziddelikte zumeist in einer ehelichen Beziehung (Ehe, De-facto-Ehe, Beziehung oder andere Art von intimer Beziehung) stattfanden, In Bezug auf das Alter der Angreifer und der Opfer konnte festgestellt werden, dass die Altersspanne sowohl bei den Opfern als auch bei den Angreifern zwischen 36 und 50 Jahren und auch bei den über 50-Jährigen liegt (Daten von UMAR; UMAR, 2012, UMAR 2013; UMAR, 2014).

In der portugiesischen Literatur gibt es nur wenige nationale Studien zum Thema Femizid. Nichtsdestotrotz werden wir einige der Ergebnisse der Daten aus den Studien von Pais (1996) und Almeida (2012) erwähnen. Auch die jüngsten Daten aus der *Urteilsstudie* "Judicial decisions in matters of marital homicide" (Agra (coord.), Quintas, Sousa, & leite, 2015) zu ehelichen Tötungsdelikten in Portugal, insbesondere Femizid, mit dem Ziel, ein einheitlicheres und tieferes Verständnis von Femizid in Portugal zu erlangen. Femizid wird häufig durch eine Vorgeschichte

20

häuslicher Gewalt (physisch, psychisch, sexuell, finanziell usw.) und durch die Einleitung eines Scheidungsverfahrens wahrgenommen, d. h. durch eine versuchte Trennung auf Wunsch des Opfers oder eine kürzlich erfolgte Trennung (Campbell et al., 2003b).

Die Studie von Pais (1996) über Tötungsdelikte in der Ehe in Portugal über einen Zeitraum von einem Jahr (1994-1995) mit einer Stichprobe von 36 befragten Häftlingen, davon 25 Männer und 11 Frauen, ergab, dass der Anteil der Tötungsdelikte im Allgemeinen bei 15,1 % lag. Mehr als die Hälfte der weiblichen Tötungsdelinquenten (58 %) begingen das Verbrechen im Rahmen einer Ehe, bei den Männern sank dieser Anteil auf 13 %. Die Altersgruppe mit dem höchsten Prozentsatz ist 40-59 Jahre alt. Der höchste Prozentsatz an Tötungsdelikten in der Ehe ist in den Ballungsräumen Lissabon und Porto zu verzeichnen (30,7 %).

In der Studie von Almeida (2012), die sich auf die Jahre 2000-2010 bezieht, wurden 125 Fälle von Femizid untersucht, wobei 66,4 % der Fälle Femizid waren, 18,4 % entsprachen dem Verbrechen des Femizids mit anschließendem Selbstmord seitens des Angreifers und 15,2 % dem Verbrechen des Femizids mit anschließendem Selbstmordversuch seitens des Angreifers. Die Opfer waren zwischen 17 und 80 Jahre alt ($M=43,90$; $SD =15,28$) und die Angreifer waren zwischen 20 und 80 Jahre alt ($M=48,05$; $SD =14,97$). Was die Art der Beziehung zwischen dem Opfer und dem Angreifer betrifft, so lebte die Mehrheit in einer ehelichen Beziehung (52,8%).

In Bezug auf die *Urteilsstudie* "Judicial Decisions in Matters of Marital Homicide" (Agra (coord.), Quintas, Sousa, & Leite, 2015) zeigen die Ergebnisse der von 2007 bis 2012 untersuchten Stichprobe (237), dass überwiegend Frauen die Opfer und Männer die Täter sind. Die häufigste Altersspanne sowohl bei Opfern als auch bei Tätern liegt zwischen 26 und 45 Jahren. Das Durchschnittsalter des Opfers ist etwas niedriger als das des Täters. Auch in dieser Studie lebte ein großer Teil der Frauen, die Opfer waren, in langjährigen ehelichen Beziehungen mit ihren Angreifern, darunter in etwa einem Drittel der Fälle Beziehungen, die mehr als 15 Jahre dauerten. Die Gewaltanwendung erstreckt sich oft über lange Zeiträume.

Internationale Erkenntnisse zeigen, dass Zentralamerika die höchsten Femizidraten der Welt aufweist, vor allem in Guatemala, El Salvador und Honduras (Meneghel, 2012). Die höchste Zahl an Femiziden ist in Asien, Europa, Ozeanien und Afrika zu verzeichnen. Diese Morde werden von ihren Intimpartnern oder Familienmitgliedern begangen, wobei die Geschichte der Frauenmorde in jeder Region unterschiedlich ist (UNODC - United Nations Office on Drugs and Crime, 2013).

Campbell (2003) weist darauf hin, dass in den USA Femizid die häufigste Todesursache bei jungen afroamerikanischen Frauen im Alter zwischen 15 und 45 Jahren und die siebthäufigste Ursache für einen vorzeitigen Tod bei Frauen ist. Im Allgemeinen werden zwischen 30 % und 50 % der Femizide von einem aktuellen Partner und/oder einem Ex-Partner begangen. Ihre Studie ergab auch, dass 28,8 % der 494 Frauen, die Opfer eines Femizids oder eines versuchten Femizids wurden, während der Schwangerschaft missbraucht wurden und dass 13 Frauen Opfer eines Femizids wurden, als sie schwanger waren, wobei der Angreifer 11 der 13 Frauen körperlich und sexuell missbrauchte (Campbell et al. 2003b).

Laut Studien der WHO im Bereich Femizid ist die Mehrzahl der Todesfälle von Frauen weltweit auf die Taten ihrer Partner zurückzuführen. Im Jahr 2013 wurden rund 38 Prozent der Femizide weltweit von männlichen Partnern verübt (WHO, 2014).

Es ist anzumerken, dass die meisten Täter dieser Art von tödlicher geschlechtsspezifischer Gewalt immer noch Männer sind, mit denen das Opfer noch in einer Beziehung lebt. Insbesondere die Statistiken über Femizide sind nicht immer aussagekräftig, da es an Informationen über die Beziehung zwischen Opfer und Angreifer fehlt (WHO, 2014).

Aus der Analyse der oben genannten Ergebnisse geht hervor, dass Tötungsdelikte im Intimbereich in der überwiegenden Mehrheit der Fälle von Männern begangen werden und die Opfer, Frauen, meist einer Altersgruppe zwischen 24 und 80 Jahren angehören und eine langfristige Beziehung mit dem Angreifer haben.

KAPITEL II - DER BLICK DER PRESSE AUF DEN FEMIZID

In diesem Kapitel werden einige theoretische Überlegungen zur geschriebenen Presse vorgestellt, nämlich der Einfluss und die Macht der *Medien* und der geschriebenen Presse auf die Gesellschaft aufgrund der von ihnen (neu) geschaffenen Realitäten und der Auswirkungen, die sie auf die Bildung bestimmter Stereotypen über besonders gefährdete Bevölkerungsgruppen haben. Schließlich werden Studien über die Darstellung von Femizid in der Presse vorgestellt.

4. Der Einfluss von Druckerzeugnissen und *Medienberichten*

Die Medien sind eine der wichtigsten Quellen der sozialen Repräsentation (Valdemarca & Bonavitta, 2011), da sie als Hauptquelle für Informationen, Ereignisse, Geschichten und Bilder bestimmter Ereignisse gelten (Carvalho, 2007). In diesem Sinne spielen die Medien eine wichtige Rolle in der Gesellschaft, indem sie uns helfen, die Realität des Ortes, an dem wir leben, zu verstehen; und selbst wenn sie fragmentiert, vereinfacht und stereotypisiert sind (Côrte & Gomes, 2006), tragen sie dazu bei, verschiedene soziale Kontexte zu visualisieren oder zu verschleiern (Morelli & Rei, 2011).

Man kann sagen, dass soziale Repräsentationen Theorien des gesunden Menschenverstands sind, die kollektiv von bestimmten sozialen Gruppen organisiert werden und die durch Prozesse der Objektivierung konstruiert werden, die das Unbekannte in das Vertraute verwandeln (Almeida & Santos, 2013). Wenn also Nachrichten präsentiert werden und wie sie auf der Grundlage ihrer Diskurse präsentiert werden, beeinflussen sie letztendlich die Wahrnehmung der Öffentlichkeit von bestimmten Phänomenen. Es ist wichtig zu erkennen, dass soziale Repräsentationen nicht nur ein System der Interpretation der Realität mit historischem Charakter sind, sondern dass sie keine endgültigen Konstruktionen sind, d. h. sie haben eine gewisse Plastizität (Ramos & Novo, 2003).

In diesem Sinne und mit Blick auf die Rolle der *Medien* bei der Konstruktion und Reproduktion sozialer Repräsentationen weist Alves (2011) darauf hin, dass die Presse nicht nur Informationen liefert, sondern auch Werturteile über die von ihr berichteten Inhalte schafft oder nicht schafft, mit anderen Worten, sie produziert nicht nur Informationen, sondern (re)produziert auch Ideologien. Wir können also feststellen, dass diese Ideologien das Wissen und die öffentliche Meinung formen, indem sie Stereotypen produzieren und reproduzieren, die ein Umfeld schaffen, das nicht unbedingt der Realität entspricht, was als "Pseudo-Umgebung" bezeichnet wird (Lippman, 1922; Gomes, 2011). Diese Pseudo-Umgebung wird von den *Medien* oft als Realität verwendet und versucht, Bilder von den Tatsachen und/oder dem stattgefundenen Verbrechen zu zeigen, um den Menschen zu helfen, diese Realität zu verstehen. Infolgedessen erschaffen die Menschen oder das Publikum Bilder der realen Welt und treffen Entscheidungen entsprechend ihren Werturteilen. In diesem

Sinne hat die (elektronische oder gedruckte) Presse die Hauptfunktion, die öffentliche Meinung anzuregen und alle Arten von Informationen in der Gesellschaft zu verbreiten (Alves, 2011).

Auf diese Weise können die *Medien* nicht nur dazu beitragen, dass die Menschen über ein bestimmtes Thema nachdenken, sondern sie haben auch einen starken Einfluss darauf, was die Öffentlichkeit durch die Art und Weise, wie Ereignisse, Verbrechen und Personen in den *Medien* dargestellt und erzählt werden, denken soll (Machado & Santos, 2009b). Aus dieser Perspektive ist die Presse eine der Komponenten der gesellschaftlichen Reflexion, die über die Fakten informiert und anprangert, was (in der Gesellschaft) falsch läuft (Pinto, 2011). Genau aus diesem Grund definiert die Presse nicht nur, "was gesagt wird", sondern vor allem, "was gesagt wird" (Gomes, 2013), indem sie Meinungen und Argumente verbreitet und so die Öffentlichkeit beeinflusst. In diesem Zusammenhang bringen die *Medien die* Gesellschaften dazu, über die sozialen Tatsachen, die in der Gesellschaft geschehen, nachzudenken, und ermöglichen es ihnen, angesichts der verbreiteten Informationen zu reagieren und präzise Entscheidungen zu treffen. Sie üben auch einen großen Einfluss auf die öffentliche Meinung aus, da die Kriminalität eines der sozialen Probleme ist, auf die die Menschen am empfindlichsten reagieren, da sie die gesamte Bevölkerung unabhängig von sozialer Schicht, Geschlecht, Alter, Rasse, Religion oder Familienstand betrifft.

Generell spielen die *Medien* derzeit eine wichtige Rolle bei der Lösung verschiedener öffentlicher Probleme, da sie eine grundlegende Quelle für die Forschung sind und sowohl bei den positiven als auch bei den negativen Aspekten der Realität eine wichtige Rolle spielen (Gomes, Lima, Silva, Sena, & Santos, 2014). Im positiven Sinne sind die *Medien* in verschiedenen Bereichen der alltäglichen sozialen Praxis in den Mittelpunkt der Aufmerksamkeit gerückt, so dass die Menschen durch sie Zugang zu Informationen über Ereignisse in der Öffentlichkeit erhalten. Die Art und Weise, wie die Medien ihr Zielpublikum informieren und beeinflussen, lässt unterschiedliche Positionierungsstrategien erkennen, die geeignet sind, eine möglichst große Zahl von Verbrauchern zu erreichen, mit dem Ziel, ihre Glaubwürdigkeit in den Augen der Öffentlichkeit zu ermöglichen oder zu erhalten (Santos, 2006). Die *Medien üben eine* große Macht über die Gesellschaft aus, da der normale Bürger durch die Presse über das Weltgeschehen informiert wird, und das bedeutet auch, dass sie eingreifen und die unterschiedlichsten Themen ans Licht bringen können, um den Ruf aufzubauen oder zu zerstören (Alves, 2011; Santos, 2009); Die *Medien sind* Produkt und Spiegelbild soziokultureller Praktiken und auch aktive Konstrukteure der Realität (Reiner, 1997), mit dem Ziel, Leseraster und Verhaltensmodelle zu etablieren, was sie für die Analyse kultureller Diskurse doppelt relevant macht (Couto, Machado, Martins & Gonçalves, 2012); sie sind auch ein Symbol für die soziale Definition von Norm und Abweichung (Penedo, 2003), mit anderen Worten, die Medien können als Machtinstrument fungieren, um vom Staat politische Positionen zu fordern.

Wie Pina (2009: 57-58) hervorhebt, haben die *Medien* die politische Funktion, die in der Gesellschaft bestehende Herrschaft durchzusetzen oder zu legitimieren, und zwar im Namen der Klassen und Klassenfraktionen, die in einen Kampf um die Definition der sozialen Welt, die ihren Interessen am besten entspricht, verwickelt sind.

So können wir sagen, dass die *Medien* eine Rolle bei der Information der Gesellschaft spielen und durch ihre Diskurse, die auf stark ideologisch geprägten Annahmen beruhen, Macht und Kontrolle über sie ausüben und eine tägliche Informationsquelle für aktuelle Verbrechen sind. Als Informationsmedium tragen die *Medien* zur Verbreitung und Reflexion verschiedener sozialer Darstellungen von Gewalt in der Gesellschaft bei, da Nachrichten zu diesem Thema in den Medien weit verbreitet sind (Ramos & Novo, 2003).

Darüber hinaus wird die Fähigkeit der *Medien*, zu überzeugen und zu intervenieren, immer deutlicher, und zwar proportional zur Massifizierung der Medien, die im Alltag immer präsenter werden.

Andererseits können die *Medien* aber auch bestimmte Denkweisen verstärken und Verhaltensweisen ermöglichen, indem sie den Gruppen, die traditionell Einfluss und Zugang zur Produktion haben, eine übertrieben breite Stimme verleihen, was wiederum die Denkweisen dieser Gruppen widerspiegelt, die, wenn sie exponiert sind, die Vorherrschaft übernehmen (Santos, 2009). Darüber hinaus spiegeln die Darstellungen *in den Medien die* ständigen Veränderungen in den sozialen Wahrnehmungen und Praktiken wider, da ihre Bilder oder Darstellungen von verschiedenen Zielgruppen auf unterschiedliche Weise interpretiert werden können, die entstehende soziale Muster verstärken oder verändern können (Reiner, 1997); Wir sehen auch, dass die *Medien die* Realität verzerren können und als informatives und meinungsbildendes Element einen direkten Einfluss auf das private Gewissen, die eigenen Werte und die Bildung von Konzepten haben (Alves, 2011); darüber hinaus wurden die *Medien* für ihren Beitrag zur Abwertung von Gewalt kritisiert, die in letzter Zeit zu einer echten Bedrohung für die Gesellschaft geworden ist (Simoes, 2007). Heutzutage dringen die *Medien* immer stärker in die Intimsphäre des Einzelnen und der Familie ein, insbesondere das Fernsehen, das das Bild einer Zunahme der sozialen Gewalt vermittelt und nur selten darauf achtet, die Öffentlichkeit zu warnen, dass viele der dargestellten Fälle nicht auf eine Zunahme der Gewalt zurückzuführen sind, sondern im Gegenteil auf eine Zunahme der Gewalt, im Gegenteil, eine Zunahme des gesellschaftlichen Bewusstseins für bestimmte Handlungen, die sie sichtbar machen und aus dem reservierten Bereich auf die Bühne der Gesellschaft bringen, wie es bei der Gewalt gegen Frauen in intimen Beziehungen der Fall ist (Barroso, 2007).

Außerdem stellen wir oft fest, dass die *Medien* sich mehr auf die Angreifer als auf die Opfer konzentrieren und die Angreifer in den Nachrichten sehr präsent sind, wie zum Beispiel im Fall von "Manuel Palito".

Es sollte auch gesagt werden, dass die *Medien* von Zeit zu Zeit eine Reihe von Standpunkten aufzwingen, die sie verstärken oder vereinfachen, mit anderen Worten, sie geben nicht genau das wieder, was im sozialen Raum passiert (Charaudeau, 2006a), *sie* geben eine verwirrende und/oder peinliche Darstellung des Verbrechens, mit einer verzerrenden Sprache und Bildern, die die Menschen dazu bringen, zu glauben, dass alles, was von der Presse übertragen oder erzählt wird, wahr ist. Dies führt dazu, dass die Menschen Angst vor bestimmten Arten von Straftaten haben, von einer Anzeige oder einem Bericht absehen und oft sogar die Angreifer für ihre Taten entlasten.

In diesem Sinne hat die feministische Forschung deutlich gezeigt, dass diese *Mediendiskurse* trotz sozioökonomischer Fortschritte und deutlicher ideologischer Veränderungen weiterhin vom männlichen Geschlecht dominiert werden (Pinto-Coelho & Mota Ribeiro, 2005).

Wir können daher sagen, dass die Medien oder der Mediendiskurs oft das Rohmaterial sind, aus dem Menschen eine Ideologie über sich selbst schaffen, die Vorurteile aktivieren oder verschiedene soziale Reaktionen hervorrufen kann (Valdemarca & Bonavitta, 2011). Gewalttätige Ereignisse, über die in den *Medien* berichtet wird, haben das Interesse an einer Analyse der Auswirkungen der Medien auf die Verbreitung der sozialen Angst vor Verbrechen und Kriminellen geweckt (Noronha & Machado, 2002).

Folglich werden die Informationen vom Pressefachmann verarbeitet, der journalistische Techniken anwendet, die den Sendekriterien entsprechen und zu Nachrichten werden. Diese Perspektive hat jedoch dazu geführt, dass sich *Konventionen* herausgebildet haben, die den Journalisten helfen zu erkennen, was Nachrichten sind (Santos, 2009). Die Kommerzialisierung ist die Grundlage der Informationsproduktion in den *Medien* (Gomes, 2011), d. h. das Hauptziel dieser Konvention besteht darin, ein Publikum anzuziehen, damit sich Nachrichten verkaufen. Trotz der Fülle von Ereignissen und des leichten Zugangs, den die Technologie der Presse bietet, scheint die Standardisierung von Themen in den verschiedenen Nachrichtenmedien zu überwiegen. Darüber hinaus gibt es einen gemeinsamen *Modus Operandi für* die gesamte Presse, der dazu führt, dass bestimmte Kriterien für den Nachrichtenwert festgelegt werden, die den Redaktionen bei der Auswahl ihrer Themen helfen (Santos, 2009). Mit anderen Worten, dieser Modus *Operandi dient* dazu, die Informationen über das Verbrechen zu benennen und zu rechtfertigen und die Fakten rund um das Verbrechen zu entwickeln.

Auf der Grundlage der von den verschiedenen oben genannten Autoren durchgeführten Studien über den Einfluss der Erzählungen der Presse und der *Medien wird davon* ausgegangen, dass die *Medien* die öffentliche Meinung beeinflussen, indem sie bestimmte Themen zum Nachteil anderer

26

hervorheben, bestimmte Probleme in den kollektiven Diskussionsraum einbringen und ihre eigene Lesart der Ereignisse anbieten. Ihr Einfluss besteht darin, dass sie nach ihren eigenen Kriterien des Nachrichtenwerts und ihrer organisatorischen Routine handeln und dass sie die Botschaften, die im öffentlichen Raum verbreitet werden, gestalten können.

5. Die Darstellung von Femizid in der Presse

Kriminalität ist derzeit ein beliebtes Thema in den *Medien, wobei* Mord im Allgemeinen das prominenteste Verbrechen in den Nachrichten ist (Reiner, 2006). Obwohl die Verbreitung von Informationen über Verbrechen durch die Medien im Allgemeinen von großer Bedeutung ist, führen die Übertreibung bei der Berichterstattung über diese Ereignisse und die Art und Weise, wie Informationen über Opfer und Täter übermittelt werden, zusammen mit den von den *Medien* ausgebeuteten Gefühlen zu einer Verunsicherung in der Gesellschaft, wodurch auch stereotype Vorstellungen in der Öffentlichkeit und die Reproduktion sozialer Mythen über Verbrechen gefördert werden (McCombs, 2002).

Die Art und Weise, wie die Presse über Verbrechen berichtet, hängt jedoch sehr stark von der redaktionellen Politik und den Strategien ab, die jede Zeitung bei der Produktion von Informationen anwendet. Obwohl diese Quelle für Forscher relativ leicht zugänglich ist, muss die Presse daher mit den erhaltenen Informationen vorsichtig umgehen, sie mit Bedacht analysieren und Verallgemeinerungen vermeiden (Pasinato, 2011).

Die Art und Weise, wie Fälle von Gewalt und Femizid in der Presse dargestellt werden, wurde in mehreren Ländern diskutiert (Angélico, Dikenstein, Frischberg, & Maffeo, 2014).

Nach Caputi und Russell (1992) motiviert Frauenfeindlichkeit nicht nur die Gewalt gegen Frauen, sondern führt auch dazu, dass die Presse in ihrer Berichterstattung über diese Art von Verbrechen Informationen verzerrt, insbesondere in den Darstellungen der Polizei, der *Medien* und der Reaktion der Öffentlichkeit auf Verbrechen gegen schwarze Frauen, Frauen mit geringem Einkommen, Lesben, Prostituierte und/oder Drogenabhängige. Auf diese Weise werden bestimmte Straftaten und bestimmte benachteiligte Bevölkerungsgruppen übermäßig oft in Verbindung gebracht, was zum Auftreten von Stereotypen beiträgt, aber auch, angesichts der vermittelten Ideologien, zur Aufrechterhaltung der Beschuldigung von Opfern in Fällen von DV: zum Beispiel "Alle farbigen Frauen sind drogenabhängig und/oder Prostituierte, die sich selbst in Gefahr bringen" (1992, S. 15).

Vor diesem Hintergrund lässt sich sagen, dass neben den Einstellungen und Meinungen, die von den Medien vermittelt werden, die Bilder, die sie in der realen Welt schaffen, im Allgemeinen einen großen Einfluss auf das persönliche Verhalten der Menschen haben. In dieser Hinsicht werden Frauen von den Medien diskriminiert und gedemütigt (Vâlcea, 2011). Im Gegenzug neigen journalistische Routinen dazu, die Viktimisierung von Frauen stärker in den Vordergrund zu stellen, da von Männern verübte Gewalt die Sensationslust der Medien begünstigt (Garcia & Martines, 2009).

Nach Harris' (1932) Analyse eines Berichts über Gewaltverbrechen wurde festgestellt, dass die über Verbrechen verbreiteten Informationen nicht immer mit den offiziellen Kriminalitätsstatistiken übereinstimmen. Diese Informationen werden in einer Weise präsentiert, die die Realität verzerrt, und zwar nach redaktionellen Gesichtspunkten oder sogar nach Kriterien des Nachrichtenwerts.

Nach Azevêdo, Bueno und Rocha (2014) bedeutet die Beschreibung von Femizidfällen nicht nur die Wiedergabe eines Polizeiberichts oder das Anhören einiger Quellen. In den Erzählungen wird auch nicht darauf geachtet, den richtigen Namen für diese Art von Verbrechen zu verwenden; an keiner Stelle wird auf Femizid Bezug genommen, um ihn als Mord zu kategorisieren. So machen sie nicht auf die Fortdauer der männlichen Macht über Frauen aufmerksam, geschweige denn auf die alltäglichen Unterdrückungen, die in diesen Beziehungen extreme Probleme auslösen können. Selbst wenn der Begriff "Femizid" nicht verwendet wird, werden diese Todesfälle nicht einmal in Frage gestellt oder mit anderen in Verbindung gebracht, die auf den Nachrichtenseiten erscheinen (selbst wenn sie auf der gleichen Seite der gleichen Zeitung stehen).

Ähnlich verhält es sich, wenn viele Fälle von Femizid nicht gemeldet werden und in den Nachrichten keine Beachtung finden und folglich von einem großen Teil der Bevölkerung nicht wahrgenommen werden, was zu einer geringeren Aufmerksamkeit für das Problem beiträgt (Azevêdo, Bueno, & Rocha, 2014). Die Presse hat jedoch ihre Behandlung von Themen im Zusammenhang mit Gewalt, Kriminalität und öffentlicher Sicherheit zum Besseren verändert (Ramos & Paiva, 2007).

Pasinato (2011) stellt fest, dass die Forschung zu Femiziden die Presse zur Informationsbeschaffung nutzt, da es schwierig ist, Daten über diese Art von Verbrechen zu finden. Wenn Verbrechen auf einer oder zwei Zeitungsseiten erscheinen, werden sie als eine Reihe von Ereignissen bezeichnet, die sich tagtäglich in dem Land/der Stadt ereignen, abhängig von den beteiligten Personen und/oder der Größe der Stadt, und können daher mehr oder weniger prominent sein.

Santos und Matos (2014) stellten fest, dass in Portugal seit den 1990er Jahren das Phänomen der häuslichen Gewalt, insbesondere der Gewalt gegen Frauen in Paarbeziehungen, vor allem dank der wissenschaftlichen Forschung sichtbarer geworden ist. Sie fügen hinzu, dass in den letzten zwei Jahrzehnten die Unsichtbarkeit des Problems einer gesellschaftlichen Konzeptualisierung gewichen ist. Laut der Studie von Farias und Fernandez (2013) räumen die *Medien* dem Phänomen der Tötung in der Ehe (Femizid) im Allgemeinen mehr Bedeutung ein, da sie fast wöchentlich über Frauen berichten, die von ihren Partnern oder Ex-Partnern im ganzen Land ermordet wurden.

Es ist festzustellen, dass das Problem der Gewalt gegen Frauen heute für die sozialen Akteure eine größere Priorität und Besorgnis darstellt, da die *Medien* einer der wichtigsten und einflussreichsten Mechanismen für die Verbreitung sind und die Fälle in allen Ländern sichtbarer machen.

Die vom GMMP (2010) (Global Media Monitoring Project) durchgeführte Studie kam zu dem Schluss, dass Frauen in den Medien deutlich unterrepräsentiert sind und ihre Meinungen, Erfahrungen und Kenntnisse nach wie vor als weniger wichtig angesehen werden als die der Männer. In derselben GMMP-Studie (2010) wurde festgestellt, dass die *Medien zu* 69 % über Verbrechen/Gewalt berichteten, was zeigt, dass sich die Medien dieses Phänomens in ihrer Berichterstattung viel stärker bewusst sind und es schätzen.

Eine kürzlich von Barbero, Boira, Cases, Otero und Servòs (2015) in der Zeitschrift la Categoria Central y Pròxima durchgeführte Studie zeigte, dass 80 % (N=160) der Nachrichtenveröffentlichungen sich mit Verbrechen von Femizid und/oder Gewalt gegen Frauen befassten. Ebenso analysierten sie, dass in diesen vier Ländern, Mexiko, Brasilien, Kolumbien und Spanien, 71 % der Femizidfälle in den *Medien* veröffentlicht wurden, wobei Mexiko mit 20,5 % (N=41) den höchsten Prozentsatz aufwies.

Generell sind die *Medien* in hohem Maße für die gesellschaftliche Darstellung von Femizidfällen verantwortlich, indem sie Stereotypen in der Bevölkerung schaffen, z. B. durch die sensationslüsterne Art und Weise, in der sie die Nachrichten verbreiten, indem sie Frauen als zerbrechliche und unfähige Wesen darstellen, indem sie den weiblichen Opfern die Schuld geben und die männlichen Angreifer von der Verantwortung für ihre Handlungen freisprechen.

Feministische Bewegungen versuchen jedoch, die Aufrechterhaltung der Unterordnung der Frau unter den Mann in Frage zu stellen, diese stereotypen Ideologien gegen die Frau zu diskutieren und folglich für Themen zu kämpfen, die insbesondere die weiblichen Opfer von Femizid betreffen, um die Gleichstellung der Geschlechter zu verteidigen, die Rechte der Frau in der Öffentlichkeit zu gewährleisten und vorzuschlagen, dass die Presse die Verantwortung für die Veröffentlichung von Informationen im Zusammenhang mit Gewalt gegen Frauen oder Femizid übernimmt.

TEIL II - METHODE

Diese Studie ist Teil eines größeren Projekts - Femizid in der Intimität -, das am Universitätsinstitut von Maia (ISMAI) unter der Koordination der Professoren Sofia Neves und Silva Gomes entwickelt wird. Hauptziel ist die Analyse und Charakterisierung der Nachrichten über intime Frauenmorde in der portugiesischen Presse und die Erörterung der möglichen Auswirkungen von Medienberichten auf die Bildung und Aufrechterhaltung von Stereotypen im Zusammenhang mit diesem Verbrechen.

Diese Untersuchung konzentriert sich auf die Zeitung Correio da Manha, eine Zeitung, die als "populär[4] " gilt und für Leser mit niedrigem Bildungsniveau und geringer finanzieller Leistungsfähigkeit zugänglich ist (Guibentif, 2002). Die Zeitung Correio da Manha wurde ausgewählt, weil sie die auflagenstärkste Tageszeitung in Portugal ist (Ferreira & Silvestre (2013)) und am meisten über Themen berichtet, die das tägliche Leben der Leser am unmittelbarsten betreffen, nämlich Situationen von intimer Gewalt.

Um die Medienerzählungen von Correio da Manha über Femizid in der Intimsphäre und ihre Auswirkungen auf die Konstruktion der kriminellen Realität in der Öffentlichkeit zu charakterisieren, wurde eine quantitative und qualitative Analyse von täglichen journalistischen Beiträgen über einen Zeitraum von vier Jahren (2011 bis 2014) durchgeführt. Im Folgenden werden die Forschungsziele, die Ausgangsfragen, die Charakterisierung des Analysekorpus, die Instrumente und Techniken der Datenerhebung, die Verfahren, die Datenverarbeitungs- und Analysetechniken, die Ergebnisse und die Schlussfolgerungen vorgestellt.

1- Ziele der Studie

1.1. Allgemeines Ziel

Charakterisierung der Medienberichte der Zeitung Correio da Manha über Femizid in der Intimsphäre und Analyse ihrer Auswirkungen auf die Konstruktion der kriminellen Realität.

1.2 Spezifische Ziele

Analyse des Profils von Opfern und Angreifern;

Die Dynamik des Verbrechens des Femizids in der Intimsphäre verstehen;

Analyse der sozialen Reaktionen auf Femizid in der Intimsphäre (z. B. bei Opfern, Familienmitgliedern, Nachbarn, Behörden).

---

4 Die Boulevardpresse ist die Presse, die der Politik, der Wirtschaft und der Gesellschaft relativ wenig Bedeutung beimisst und der Unterhaltung (z. B. Sport), den Skandalen und der populären Unterhaltung relativ viel Bedeutung beimisst; sie schenkt auch Aspekten des Privatlebens, Aspekten des persönlichen und privaten Lebens von Menschen, ob Prominenten oder normalen Bürgern, besondere Aufmerksamkeit und vernachlässigt Aspekte wie politische Prozesse, wirtschaftliche Entwicklungen und soziale Veränderungen (Sparks, 2000, zitiert in Carvalho, 2007).

2. Ausgangsfrage

Wie sind die Medienberichte der Zeitung Correio da Manha über Femizid in der Intimsphäre formal und inhaltlich gekennzeichnet?

Welche Auswirkungen haben diese Mediennarrative auf die Konstruktion der kriminellen Realität?

3. Charakterisierung des Analysekorpus

Die Studie umfasst alle journalistischen Beiträge über Femizid in der Intimsphäre, die zwischen dem 1. Januar 2011 und dem 31. Dezember 2014 täglich in der Zeitung Correio da Manha veröffentlicht wurden. Der Analysekorpus besteht aus insgesamt 200 journalistischen Beiträgen.

4. Instrumente/Techniken zur Datenerhebung

Registrierungsraster

Ausgehend von den Zielen der Studie wurde *a priori* ein Aufzeichnungsraster erstellt (siehe Anhang 1), um die in den journalistischen Beiträgen gesammelten Daten zu systematisieren. Das Raster bestand aus zwei Gruppen von Variablen: Form und Inhalt. Zusammengefasst umfasst die Form wichtige Aspekte wie die Haupt- und/oder Nebenüberschrift, die Schlüsselelemente in der Überschrift, den Umfang der Nachricht, die Anzahl der Nachrichten mit einem Bild und die Art des Bildes, die Überschrift und das Geschlecht des Autors der Nachricht. Um einen genaueren Blick auf den Inhalt der Nachrichten zu werfen, wurden folgende Elemente berücksichtigt: Profile der Opfer und Täter (Geschlecht, Alter, Beruf, Familienstand, berufliche Tätigkeit, Nationalität oder ethnische Zugehörigkeit), Beziehung zwischen Opfern und Tätern, Art der Straftat, Motivationen, kriminelle Dynamik und Folgen sowie gesellschaftliche Reaktionen auf Straftaten.

Das ursprünglich erstellte Aufzeichnungsraster wurde im Laufe der Datenanalyse in einigen Punkten geändert.

5. Datenverarbeitung und -analyse

5.1. Inhaltliche Analyse

Die Inhaltsanalyse ist eine Reihe von Techniken zur Verarbeitung zuvor gesammelter Informationen. Ihr Zweck ist nicht rein deskriptiv, sondern vielmehr, Rückschlüsse auf die Bedingungen der Diskursproduktion zu ziehen. Für diese Rückschlüsse werden quantitative und/oder qualitative Indikatoren verwendet. Das Interesse dieser Technik liegt nicht in der bloßen Beschreibung des Inhalts, sondern in der Beobachtung dessen, was hinter den Worten steckt (Bardin, 2009; Esteves, 2006). Das Ziel der Inhaltsanalyse besteht also darin, Informationen und/oder Zusammenhänge über das Phänomen des Femizids in der Intimsphäre zu beobachten und einen Beitrag zum bestehenden wissenschaftlichen Wissen zu leisten. In diesem Fall haben wir uns entschieden, eine thematische Inhaltsanalyse im Hinblick auf den beschreibenden Charakter der Nachrichtenberichte durchzuführen.

5.2. Statistische Analyse

Für die Analyse der quantitativen Indikatoren, die sich hauptsächlich auf die Form der journalistischen Beiträge, aber auch auf den Inhalt beziehen, wurde die *Software IBM SPSS,* Version 20.0, verwendet. Nach der Einrichtung der Datenbank und der Zusammenstellung der Variablen, aus denen sich das Erfassungsraster zusammensetzt, wurden einfache deskriptive Analysen durchgeführt.

6. Verfahren

Um die Nachrichten in der Zeitung Correio da Manha mit direktem Bezug auf das Verbrechen des Femizids im Intimbereich zwischen 2011 und 2014 zu analysieren, wurde eine persönliche Sammlung in der öffentlichen Bibliothek von Braga durchgeführt.

Vor der Einsichtnahme in die Zeitungen wurde der Leiter der Bibliothek um die Erlaubnis gebeten, die Zeitungen einzusehen und zu fotografieren. Sobald die Genehmigung vorlag, wurden alle Tageszeitungen eingesammelt und fotografiert. Diese Phase dauerte etwa vier Monate. Im Anschluss an diesen Prozess und nach einer sorgfältigen und erschöpfenden Lektüre des *Korpus* (Voranalyse) wurden die 200 Nachrichten anhand der qualitativen und quantitativen Indikatoren des Erfassungsrasters analysiert.

Die thematische Inhaltsanalyse umfasste dann folgende Schritte: Kodierung mit dem Ziel, den Kern des Verständnisses der Nachrichten zu erreichen; Zerlegung der Nachrichten in Registrierungseinheiten (Kategorien) und; Klassifizierung und Aggregation der Daten mit der Auswahl von Kategorien, die die Spezifizierung des Themas bestimmten.

7. Präsentation der Ergebnisse

Es wird davon ausgegangen, dass es für ein gutes Verständnis der Ergebnisse notwendig ist, die Daten gründlich und genau zu analysieren, wobei zunächst zwischen qualitativen und quantitativen Variablen unterschieden werden muss. Daher werden zuerst die quantitativen Ergebnisse und dann die qualitativen Ergebnisse vorgestellt.

7.1. Quantitative Indikatoren

Profil der Opfer

Frauen im Alter zwischen 40 und 65 Jahren machten mit 41 % (N=82) den größten Anteil der Femizidopfer aus. Auf Opfer im Alter zwischen 26 und 40 Jahren entfielen 31 % der Fälle (N=63), auf die über 65-Jährigen 6 % (N=12) und auf die jüngsten Opfer im Alter zwischen 18 und 26

Jahren 5 % aller Femiziddelikte (N=10). 95,5 % der Opfer waren Portugiesen (N=191).

Hinsichtlich des Berufs ergab sich folgende Verteilung: 10,5 % (N=15) der Opfer waren Facharbeiter (z. B. Lehrer, PSP-Beamter, Geschäftsfrau, Eigentümerin), 9,5 % (N=19) waren ungelernte Arbeiter (z. B. Hausangestellte, Reinigungskraft), 4 % (N=8) waren Dienstleistungs- und Verkaufspersonal (z. B. Reinigungskraft). 4% (N=8) der Opfer waren arbeitslos und 1,5% (N=3) der Opfer waren im Ruhestand.

[1]   0,5% (N=61) der Opfer hatten ein Kind, 19,5% (N=39) zwei Kinder und 5,5% (N=11) 3 Kinder. 1,5 % (N=3) der Opfer waren zum Zeitpunkt der Straftat schwanger.

Profil der Angreifer

Angreifer im Alter zwischen 40 und 65 Jahren machen insgesamt 51 Prozent (N=103) der Tötungstäter aus. Auf die 26- bis 40-Jährigen entfallen 20 % (N=40) und auf die über 65-Jährigen 15,5 % (N=25). Auf die jüngsten Täter im Alter zwischen 18 und 26 Jahren entfielen 2 % (N=4). 96,5 % (N=193) der Angreifer waren Portugiesen.

In Bezug auf den Beruf ergab sich folgende Verteilung: 7,5 % (N=15) der Angreifer waren arbeitslos, 7 % (N=14) waren Jäger, 6,5 % (N=13) waren Landarbeiter, Fischer, Bergleute, Seeleute, Schuhmacher, Maurer und Zimmerleute, 4,5 % (N=9) waren Facharbeiter (z. B. Lehrer, PSP-Beamte), 5 % (N=10) waren ungelernte Arbeiter, 3,5 % (N=11) waren Rentner, (z. B. Lehrer, PSP-Beamte), 5 % (N=10) waren ungelernte Arbeiter, 3,5 % (N=7) arbeiteten auf dem Bau und 5,5 % (N=11) waren Rentner.

Beziehung zwischen Opfern und Angreifern

Was die Beziehung zwischen den Opfern und den Angreifern betrifft, so waren 62,5 % (N=124) Partner (Ehemänner, Freunde und Partner) und 37,5 % (N=75) Ex-Partner (Ex-Ehemänner, Ex-Freunde und Ex-Partner). In 9,5 % (N=19) der Fälle dauerte die intime Beziehung zwischen Opfer und Angreifer länger als 11 Jahre, in 5,5 % (N=11) der Fälle zwischen einem und fünf Jahren und in 4 % (N=8) zwischen sechs und zehn Jahren.

Zeitliche Verteilung

Das Jahr mit der höchsten Anzahl an journalistischen Beiträgen zum Thema Femizid in der Intimsphäre war 2014 mit einem Anteil von 40,5 % (N=81). 2013 waren es 23,5 % (N=47), 2012 20 % (N=40) und 2011 16 % (N=32). April und Juni sind die Monate mit der höchsten Anzahl von Nachrichten, 13,5 % (N=27) bzw. 11,5 % (N=23).

In 28 Prozent (N=56) der Fälle wurden die Straftaten am Nachmittag und in 25 Prozent (N=51) in der Nacht begangen.

Geografische Verteilung

Der am häufigsten in den Nachrichten erwähnte Bezirk in Bezug auf das Auftreten von Kriminalität ist Porto, in 21,5 % der Fälle (N=43) (siehe Anhang 2). Lissabon ist mit 19 % (N=38) der zweithäufigste Bezirk, gefolgt von Setúbal mit 11 % (N=22). Insgesamt ist das Zentrum mit 46 % (N=92) der Fälle die Region mit den höchsten Zahlen, gefolgt vom Norden mit 34,5 % (N=69) und dem Süden mit 18 % (N=36).

Ort des Geschehens

Den Nachrichtenberichten zufolge ist der häufigste Tatort die Wohnung mit einem Anteil von 73,5 Prozent (N=147) und die Straße mit 17,5 Prozent (N=35).

Konfiguration der Nachrichten

Das meistgenannte Schlüsselelement in der Überschrift ist das Opfer in 49,5 % (N=99) der Fälle, gefolgt vom Angreifer in 31,1 % (N=63) der Fälle. Während die primären Schlagzeilen über die Art und vor allem die Schwere der Straftat informieren [*"Enthauptet Frau und geht zum Fernsehen"*, CM2012_04_012[5]], sind die sekundären Schlagzeilen detaillierter und erklären, warum die Straftat begangen wurde, und liefern Informationen wie die Namen und das Alter der Opfer und Angreifer [*"Antonio Marques, 79, konnte mit seiner Eifersucht nicht umgehen. Er schoss Maria Augusta, 75, ins Gesicht und beendete ihr Leben in einem Schuppen neben dem Haus."* CM2012_05_014]; [*"José Caloes Mareira akzeptierte nicht, dass Joana Carreira ihn um die Scheidung gebeten hatte. Das Opfer, 36 Jahre alt. Sie wurde in den Kopf geschossen und befindet sich in einem kritischen Zustand"* CM2012_05_018]

Was die Titelseite anbelangt, so präsentiert Correio de Manha in 51 % (N=102) der Fälle die Femizidnachrichten als Schlagzeile. Hinsichtlich der Größe der Schlagzeilen konnte festgestellt werden, dass sie in 40,5 % (N=81) der Fälle ¼ der Seite einnehmen. In 25 % (N=50) der Fälle nehmen sie eine halbe Seite ein, in 18 % (N=36) eine Seite und in 10,5 % (N=36) zwei Seiten. Was das Jahr mit der höchsten Belegung des Nachrichtenumfangs angeht, so belegten 7 % (N=14) und 5 % (N=10) der Fälle im Jahr 2014 eine und zwei Seiten (siehe Anhang 3).

Die Hauptinformationsquelle, die in den Nachrichten genannt wird, ist in 90 % (N=180) der Fälle die Polizei, gefolgt von den beteiligten Bürgern in 36,5 % (N=73). Als Hauptinformationsquellen werden in 43,5 % (N=87) der Berichte die beteiligten Bürger und in 21 % (N=42) die Familienangehörigen genannt (siehe Anhang 4). Was die Nachrichten mit Bildern betrifft, so waren 79,5 % (N=159) der Nachrichten von Bildern begleitet. In 18 % (N=36) der Fälle gab es Bilder des Opfers, des Angreifers, der Polizei und der Feuerwehr, in 17 % (N=34) des Opfers, der Feuerwehr,

---

5 Die Nachrichten wurden nach Jahr, Monat und Nachrichtennummer kodiert.

des Roten Kreuzes, der Polizei und/oder von Familienangehörigen und in 12,5 % (25) der Fälle waren die Bilder eine Anspielung auf die Viktimisierung.

Kriminelle Typologien

In 45 % (N=90) der Berichte wurde das Verbrechen des Femizids in der Intimsphäre begangen und in 55 % (N=110) wurde es versucht. In 13,5 % (N=27) der Fälle beging die Angreiferin Selbstmord und in 9,5 % (N=19) wurde ein Selbstmordversuch unternommen. Was den Zusammenhang zwischen Femizid und vollendetem Selbstmord betrifft, so bestand dieser in 11,5 % (N=23) der Fälle. In 3,5 % (N=7) der Fälle wurde ein Femizidversuch unternommen und die Angreiferin unternahm einen Selbstmordversuch.

Kriminelle Dynamik

Was die bei der Begehung der Straftat hauptsächlich verwendeten Gegenstände betrifft, so wurden in 39,5 % (N=79) der Fälle Schusswaffen verwendet. Danach folgte in 38,5 % (N=77) der Fälle eine Nahkampfwaffe. Es sei auch darauf hingewiesen, dass 21 Frauen brutal durch Körperverletzung ermordet wurden, was einem Prozentsatz von 10,5 % entspricht. Was die Tatmotive anbelangt, so standen in 24 % (N=48) der Fälle Streit und Auseinandersetzungen im Vordergrund, gefolgt von Eifersucht und Besessenheit in 20 % (N=40) der Fälle. Auf Motive der *Leidenschaft* und/oder Rache entfielen 11,5 % (N=23). Die Nicht-Akzeptanz der Trennung wurde in 19,5 % (N=39) der Nachrichtenberichte als Grund für das Verbrechen genannt.

7.2. Qualitative Indikatoren

Die durchgeführte Inhaltsanalyse war thematischer Natur. Die im Folgenden dargestellten Ergebnisse spiegeln den Prozess der Kategorisierung wider und werden durch einige Auszüge aus den Reaktionen auf Verbrechen in den Nachrichten unterstützt.

Um die Daten richtig zu interpretieren, zu verstehen und zu analysieren, präsentieren wir unten eine Tabelle mit den Kategorien und Diskursen.

Tabelle 1

Tabelle der Kategorien und Diskurse

Kategorien	Reden
Opfer von Provokation und/oder Fahrlässigkeit	Die Opfer werden von Familienmitgliedern, Nachbarn und Polizeibehörden dafür verantwortlich gemacht, dass sie nie Anzeige gegen den Angreifer erstattet haben, dass sie die Hilfe von Nachbarn ablehnen und dass sie ein unangemessenes und konfliktträchtiges Verhalten an den Tag legen.
Temperamentvolle und/oder psychopathologische Aggressoren	Die Angreifer werden als Personen mit psychischen Störungen, Alkoholabhängigkeit, *schwierigem* Temperament und mangelnder Selbstkontrolle charakterisiert. Eifersucht ist eine der Hauptursachen für

			Femizid.
Die Chronizität von Gewalt und Nachbarschaften			Opfer von Femizid werden als Opfer charakterisiert
freizügig			chronische häusliche Gewalt. Die Nachbarschaften werden als freizügig und vernachlässigend beschrieben.
Das System zur Rechenschaft ziehen			Das System wird als ineffektiv dargestellt, wenn es darum geht, in Fällen von Gewalt in Paarbeziehungen zu intervenieren. Es werden Defizite bei der Prävention, bei Zwangsmaßnahmen und bei der Unterstützung der Opfer festgestellt. Viele der gemeldeten Fälle waren den Behörden bereits gemeldet worden.
Reaktionen der verschiedenen Akteure auf das Verbrechen	a)	Opfer	Die Reaktionen von Opfern, die einen Femizidversuch überlebt haben, bestehen hauptsächlich darin, Unterstützung bei Familienmitgliedern, Nachbarn und/oder Kindern zu suchen. Angst und Mitleid mit dem Angreifer sind offensichtlich, ebenso wie Scham über ihre Viktimisierung. Einige Reaktionen sind Selbstverteidigung.
	b)	Familie und Nachbarn	Die Reaktionen der Familienmitglieder und Nachbarn sind Traurigkeit, Unsicherheit, Angst, Unzufriedenheit, Haltung, Überraschung und Empörung. Der Diskurs des Unglaubens ist paradox angesichts des Vorwissens über die Situation, von dem oft berichtet wird. Der Versuch, einzugreifen, um Gewalt zu verhindern, führt manchmal zu weiteren (direkten und indirekten) Opfern.
	c)	Angreifer vor und nach der Tat	In einigen Redebeiträgen wird darauf hingewiesen, dass einige Angreifer ihre Absicht, die Straftat zu begehen, durch öffentliche Drohungen verbalisiert haben.
			Wenn die Straftat begangen wurde, neigen einige Angreifer dazu, ihre Opfer zu demütigen, indem sie obszöne Worte benutzen und diffamierende Anschuldigungen erheben. Nach der versuchten Tat zeigen einige Täter Reue, andere geben ihre Schuld zu, stellen sich den Behörden oder sind auf der Flucht. Andere bitten die Feuerwehr und Familienangehörige um Hilfe, leugnen ihre Verantwortung und behaupten, sie seien inkompetent. Manche begehen einen Selbstmord oder versuchen es.

Opfer von Provokation und/oder Fahrlässigkeit

In den Medienberichten in der Zeitung Correio da Manha lässt sich ein allgemeiner Diskurs der Opferbeschuldigung erkennen, der durch das Verhalten des Opfers motiviert ist. Im Fall der Nachbarn werden die Opfer beispielsweise häufig für ihr Verhalten gegenüber dem Angreifer verantwortlich gemacht [*"Sie hat ihn wirklich provoziert und der Mann ist durchgedreht"*, Sie dachten, das Opfer *sei "schlecht für ihn"* (CM2014_05_043, R1)] sowie für ihre Weigerung, um Hilfe zu bitten oder diese anzunehmen [*"Wir haben sie schreien gehört und sahen schwarze Flecken auf ihrem Körper, aber sie sagte, sie sei gefallen"* (CM2011_07_015, R1)]. Diese letzte Sichtweise scheint von den Polizeibehörden [*"Laut PSP hat die Frau nie eine Anzeige gegen ihren Mann wegen häuslicher Gewalt erstattet"* (CM2011_06_012, R1)] und von den Familien der Opfer bestätigt zu werden ["...*meine Schwester hat sich nie beschwert, weil er ihr leid tat. Ihre Kinder wollten ihn einweisen lassen, aber das hat sie nie zugelassen"* (CM2011_09_021, R2); *Er hatte schon lange gesagt, dass er sie jeden Tag umbringen würde, dass er sie umbringen würde, aber das war ihr egal, sie hielt es für einen Scherz"* (CM2014_01_001, R1)].

Temperamentvolle und/oder psychopathologische Aggressoren

In vielen Nachrichten werden die Aggressoren als Täter charakterisiert, insbesondere von den Opfern des versuchten Femizids [*"Ich habe die schlimmsten Tage meines Lebens erlebt. Er ist ein Tier, er wollte mich umbringen"* (CM2011_06_011, R1)] oder von ihren Verwandten und Nachbarn (*"Jeder erkannte seine psychischen Probleme, die ihn dazu brachten, an Episoden teilzunehmen, die der Ehemann ablehnte"* (CM2011_05_006, R1)). Schuldgefühle scheinen mit dem Temperament des Aggressors, dem Vorhandensein psychischer Probleme oder Eifersucht zusammenzuhängen [*"Er hat sie immer sehr schlecht behandelt, er war gemein zu ihr, er hat immer gedroht, sie umzubringen"* (CM2011_09_021); *"Tânia hat meinen Vater nicht betrogen, das glaube ich nicht. Er hat mir gesagt, er hat einen Brief gefunden. Aber wo ist er überhaupt? Ich glaube nur, was ich sehe. Er hat sie aus Eifersucht umgebracht"* (CM2014_07_060, R1); *"Er ist ein sehr gefährlicher Mann"* (CM2014_05_042, R1; *"Er war ein kranker Mensch, der nicht richtig im Kopf war und viele Medikamente genommen hat"* (CM2013_09_032, R1); *"Er hatte psychische Probleme und war heute Nachmittag (gestern) sogar auf dem Weg zu einem Termin. Aber er war ein guter Mann, behandelte seine Frau gut und wurde nie gewalttätig"* (CM2011_05_010, R2); *"Er sagte uns oft, dass er sich umbringen würde und dass er auch sie umbringen würde...* (CM2013_02_002, R1); *"Laut Jerónimos Verwandten war Lidia das Ziel mehrerer Drohungen ihres Ex-Mannes, viele davon per Telefon* (CM2014_11_071, R1)].

Es gibt auch einige Berichte, die das Verhalten des Aggressors mit übermäßigem Alkoholkonsum rechtfertigen: *"Er hat eine Vorgeschichte in Bezug auf häusliche Gewalt und Nachbarn sagen, dass er konfrontativ war, besonders unter Alkoholeinfluss. Wenn er trank, war er gewalttätig, er hatte sie schon mehrmals geschlagen. Erst diese Woche ging sie mit einem blauen Auge ins Café"* (CM2014_05_044, R1), *"Übermäßiger Alkoholkonsum und Eifersucht sind einige der Gründe, warum Adelino Aguas die gewalttätigen Übergriffe begangen hat"* (CM2013_07_024, R5)].

Die Chronizität der Gewalt und freizügige Nachbarschaften

Viele der Fälle *von* Femizid in der Intimsphäre folgten auf chronische Gewaltgeschichten, die vor allem in der Nachbarschaft bekannt zu sein schienen [*"Im Dorf Carrazedo war die Gewalt zwischen dem Paar schon seit einiger Zeit im Gange"* (CM2011_07_015, R1*); "Nach Aussage der Nachbarn war es eine 'problematische' Reaktion. Sie haben viel gestritten, aber wir hätten nie gedacht, dass er den Mut haben würde, so etwas zu tun"* (CM2011_09_027, R1); *"Die Nachbarn sagten den*

37

Beamten, die vor Ort waren, dass es üblich war, dass es im Haus mehrere Streitereien gab" (CM2013_07_027, R1); "*... Ich hörte, wie sie sich stritten. Er sagte: Halt die Klappe oder ich ramme dir einen Stock in den Hals! Sie hat ihn nur gebeten, sie in Ruhe zu lassen"* ... "*der auch die Gewaltszenen auswendig kannte"* (CM2012_03_007, R1); "*Ich habe morgens ein paar Schreie gehört, aber ich dachte noch, es wären spielende Kinder"* (CM2011_09_025, R1)].

Das System zur Rechenschaft ziehen

In den meisten Fällen von Femizid, über die in den Nachrichten berichtet wurde, lagen den Behörden bereits vor dem Ereignis formelle und informelle Aufzeichnungen über Gewaltepisoden vor [*"Das Opfer hatte bereits im Juni bei der PSP in Bragança Anzeige wegen häuslicher Gewalt erstattet"* (CM2014_07_016, R1); (...)]; dennoch wurde zu diesem Zeitpunkt nicht eingegriffen, was schließlich zum Tod der Frau führte. Manchmal wird auch auf die Beteiligung des Angreifers an einer anderen Art von Verbrechen hingewiesen: "*der Mann, der bereits wegen Diebstahls verurteilt worden war"* (CM2011_05_007, R1).

Aufgrund des Versagens des Systems zu intervenieren und/oder der Schwierigkeit, in einigen Fällen von Gewaltverbrechen, die bei den Gerichten registriert wurden, zu reagieren, wird die Fortsetzung dieser Gewalt möglich und kann letztlich zu mehr Fällen von Femizid führen - "*Diejenigen, die sie hätten schützen sollen, taten es nicht, nachdem sie sich mehrmals beim GNR über häusliche Gewalt beschwert hatten"* (CM2014_02_007, R1); "*die Frau hatte in den letzten Monaten bereits zwei Beschwerden gegen ihren Mann eingereicht. Die Gewaltepisoden sind häufig, aber gestern ging der Mann noch weiter und stach dem Opfer mehrmals in den Arm"* (CM2012_04_010, R1).

Wenn es zu einer Intervention kommt, stellen wir fest, dass es noch viele Einschränkungen bei der Umsetzung und Wirksamkeit der Gesetze gibt. Es wird von Fällen berichtet, in denen der Femizid nach Verbüßung der Strafe stattfindet [*"Der Ehemann kam frei, seine 18-monatige Strafe wurde zur Bewährung ausgesetzt, bis er sie am vergangenen Montag mit Machetenhieben ermordete"* (CM2013_07_025, R1)], aber auch während der Vollstreckung einer Strafe oder Zwangsmaßnahme [*"Der Mann trug sogar ein elektronisches Armband, das ein Signal an die Behörden sendete, wenn er sich seiner Ex-Frau näherte - aber gestern gelang es ihm, das Gerät zu zerschneiden, und er wartete bei der Arbeit auf sie, bereit, sie zu töten. Ohne zu zögern, schoss er auf die Reifen des Autos und auf das Opfer und traf sie am Kopf"* (CM2014_03_010, R1); "*Trotz der Warnungen vor Verstößen gegen die Nötigungsmaßnahme - er trug ein Armband, das piepste, sobald er sich seiner Ex-Frau näherte - hat die Staatsanwaltschaft die Verhaftung von Manuel Pinto Baltazar, 59, nicht angeordnet"* (CM2014_04_025, R1)].

Es gibt jedoch auch Fälle, in denen die Polizeibehörden sofort eingreifen, wenn die Gewalt gemeldet wird: "*Schnell. Bringen wir sie hier raus. Er hat schon zwei umgebracht und du bist die*

Nächste" (CM2013_06_021, R1); *"Die GNR-Soldaten kamen zum Tatort, nachdem gemeldet wurde, dass die Frau Opfer häuslicher Gewalt war"* (CM2013_10_041, R1).

Reaktionen der verschiedenen Akteure auf das Verbrechen

a)   Opfer

In Bezug auf die Reaktionen der Opfer auf das Verbrechen heißt es in den Nachrichtenberichten, dass sie in den meisten Fällen Angst vor dem Angreifer hatten ["*... sie gab zu, dass sie ein wenig Angst hatte. Sie sagte, dass ihr Ehemann sehr aufgebracht war [...] "Ich bin immer voller Angst"* (CM2011_09_021, R1)], Scham über die Situation, in der sie sich befand ["Sie *war seit Jahren Opfer häuslicher Gewalt, aber ihre Scham ließ sie nie klagen"* (CM2012_07_023, R1)], aber gleichzeitig auch Mitleid mit ihrem Partner ["*Er hatte ein sehr kompliziertes Temperament, aber meine Schwester hat sich nie beschwert, weil er ihr leid tat. Seine Kinder wollten ihn einweisen lassen, aber das hat sie nie zugelassen"* (CM2011_09_021)].

In einigen der berichteten Fälle baten die Opfer ihre Kinder, Verwandte, Nachbarn und die Behörden um Hilfe. Wir sehen, dass viele von ihnen in Zeiten der "Verzweiflung" und der "täglichen gewalttätigen Angriffe" des Angreifers um Hilfe baten ["*Als ich es nicht mehr aushielt, ging ich in meiner Verzweiflung auf den Balkon, um um Hilfe zu schreien"* (CM2011_06_011, R1)]. In diesen Momenten riefen einige der Opfer um Hilfe [*"Obwohl sie mit drei Macheten geschlagen wurde - in die Hand, den Kopf und die Brust - blieb Luisa bei Bewusstsein. Sie rief ihren Sohn an und bat um Hilfe" (*CM2011_12_032, R1)] und/oder versuchten, sich vor dem Femizid zu schützen, indem sie ihre körperliche Unversehrtheit verteidigten oder wegliefen [*"Das Opfer versuchte, sich zu wehren, aber alles, was ihr gelang, war, die Straßentür zu erreichen und zum Haus der Nachbarn zu laufen, die sie um Hilfe bat"* (CM2014_08_001, R1)]. Die Verteidigungsstrategien des Opfers gegen den Angreifer konnten den Femizid jedoch nicht immer verhindern: *"Als sie sah, wie ihr Ex-Partner mit einer Pistole in der Hand aus dem Auto stieg, versuchte Filomena noch, das Fenster zu schließen, aber sie konnte die zwei Schüsse in ihren Kopf nicht verhindern (*CM2013_10-037, R1)].

b)   Familie und Nachbarn

Sowohl die Familienangehörigen des Opfers als auch die Nachbarn berichten den Journalisten häufig, dass sie sich angesichts der vom Angreifer begangenen Straftat unwohl fühlen ["*Ich habe sofort gesehen, dass er ein Schurke war, ich hätte nie gedacht, dass er ein Mörder ist"* (CM2011_08_018, R1)]. Der "Schockzustand" über das Geschehene wird mehrfach erwähnt - *"Die Familie steht unter Schock und weiß nicht, was passiert ist. In letzter Zeit fand ich ihn sehr seltsam"* (CM2012_03_004, R1); *"ein Nachbar, der nie mit so einem tragischen Ausgang gerechnet hat"*

(CM2012_07_021, R1) -, und vor allem, wenn es für die Bevölkerung überraschend kommt: *"....alle waren sich einig über das Gefühl der 'Überraschung' über die Art und Weise, wie der ehemalige Inspektor der Kriminalpolizei die Reinigungskraft des Gebäudes erschoss"* (CM2011_06_013, R1)].

Betrachtet man die Reaktionen von Familienmitgliedern und Nachbarn, so ist eine offensichtliche Ungläubigkeit über das Geschehen festzustellen, obwohl sie den Berichten zufolge von der Situation gewusst haben. Zu den Interventionsstrategien, die von Familienmitgliedern und Nachbarn angewandt wurden, um den Femizid zu verhindern, gehören zu einem früheren Zeitpunkt der Versuch, das Verbrechen zu verhindern ["...*Nachbarn riefen Patricia an, um ihr zu sagen, dass sie von ihm weglaufen solle, wenn sie ihren Vater finden würde, weil sie befürchteten, José Dinis könnte noch jemanden umbringen*" (CM2011_08_020, R1)], und zu einem späteren Zeitpunkt der Versuch, das Problem zu beheben ["...*er versuchte einzugreifen, wurde aber bedroht. Ich dachte, es sei ein Raubüberfall, aber als ich das Blut sah, bekam ich Angst und fragte ihn, was er getan hatte. Er sagte nur: "Sie ist meine Frau und sie hat mich betrogen. Ich musste sie töten*" (CM2013_08_029, R1)].

Einige Kinder griffen direkt im Moment der Viktimisierung ein und konnten den Femizid verhindern: *"Der 40-jährige Sohn des Paares musste seinen Vater schubsen, der sich anschickte, ihn zu erstechen"* (CM2011_12_031, R1). In anderen Fällen wurden Kinder oder andere Familienmitglieder, die sich in einen Streit oder eine Aggression einmischten, mit dem Tod bedroht oder wurden sogar Opfer eines Mordversuchs [*"Der Sohn versuchte, sie zu verteidigen und wurde mehrmals mit einer Machete und einem Messer geschlagen"* (CM2013_01_005, R1)].

In mehreren Fällen waren die Kinder direkte und indirekte Opfer des Femizids, da sie Zeugen der kriminellen Handlung ihres Vaters gegen ihre Mutter und/oder ihres Großvaters gegen ihre Großmutter wurden [*"Opa, Opa, Opa". Das waren die Worte des vierjährigen Mädchens, nachdem es gesehen hatte, wie der Großvater der Großmutter mit einer Schrotflinte in den Rücken schoss"* (CM2011_10_039, R1); *"Die Kinder konnten hinter der Tür Schreie und das Fallen von Gegenständen hören"* (CM2011_11_027, R1), und manchmal schweigen sie [*"Die jüngste Tochter des Paares, 9 Jahre alt, wurde Zeugin vieler Übergriffe. "Sie sah es, sagte aber nichts"* (CM2011_07_015, R1)].

c) *Angreifer vor und nach der Tat*

In Bezug auf die Reaktionen des Angreifers vor der Tat stellten wir fest, dass einige die Kinder oder Verwandten des Opfers anriefen und warnten, dass sie die Frau ermorden würden: *"Bevor er Maria Glòria tötete, rief der Mörder seinen Sohn an, um ihm zu sagen, dass er das Verbrechen in der Nähe der Kirche S. Paio de Oleiros begehen würde"* (CM2011_08_019, R2). *Es gibt* jedoch auch

Fälle, in denen der Frauenmord der Höhepunkt einer Reihe von Episoden physischer und psychischer Gewalt ist ["Aus Verärgerung *begann er, seine Frau zu schlagen... Er nannte sie behindert, weil sie sich wegen Krebs eine Brust hatte abnehmen lassen"* (CM2013_05_016, R1*)]*.

Nach der Straftat gibt es verschiedene Reaktionen der Angreifer, die sich jedoch grob in zwei große Gruppen einteilen lassen: diejenigen, die die Straftat zugeben, und diejenigen, die sie leugnen. Zur ersten Gruppe gehören die Angreifer, die die Tat gestehen und vor den Behörden fliehen [*"Kümmere dich um meine Enkelin. Ich habe gerade meine Frau umgebracht"* (CM2011_03_003, R1)], diejenigen, die mit Selbstmord drohen *["Nachdem er seine Frau getötet hatte, ging Armando in das Nachbardorf Alfonge, wo er den Einheimischen gestand, dass er Ermelinda getötet hatte, und drohte, sich in einen Brunnen zu stürzen"* (CM2011_05_010, R1)], diejenigen, die sich den Behörden stellen ["... er *rief das INEM und die Polizei an, um sich zu stellen. Er war sehr kooperativ und erzählte uns in aller Ruhe, wie alles passiert war, und zeigte uns dann, wo er das Messer aufbewahrt hatte, das bereits gewaschen worden war"* (CM2011_09_025, R1)], die Gefühle des Bedauerns für die Tat zeigen [*"Lasst mich gehen, mein Leben ist verloren. Zeigen Sie mich nicht beim GNR an"* (CM2014_04_028, R1)] und akzeptieren Schuldgefühle *["Ich weiß, dass ich für das, was ich getan habe, bezahlen muss"* (CM2014_05_045, R1)]. In der zweiten Gruppe, denjenigen, die leugnen, die Straftat begangen zu haben, finden wir Angreifer, die die Anschuldigungen leugnen [*"Mit den Anschuldigungen konfrontiert, leugnete der Mann sie und bedrohte das Opfer sogar mit einem Messer"* (CM2011_11_029, R1)], andere, die behaupten, nicht zu wissen, was passiert ist [*"der Mann sagte den Behörden, dass er sich an nichts erinnern könne, was passiert war, aber dass er, als er aufwachte, seine Frau tot vorfand und beschloss, zur Polizei zu gehen"* (CM2014_05_044)], oder dass sie die Geschichte des Verbrechens nachspielen und umschreiben / *"Er sagte, dass er nicht die Absicht hatte, die Frau anzugreifen, und erklärte, dass er ausrutschte und auf sie fiel und sie mit dem Messer, das er in der Hand hielt, traf"* (CM2012_09_028, R1)].

In einigen besonderen Fällen gibt es Angreifer, die dem Opfer nach der Tat Hilfe leisteten [*"Es war der Ehemann selbst, der seine Frau nach dem Angriff in das Gesundheitszentrum von Moncão brachte* (CM2011_07_014, R1*)]* oder um *Hilfe* rief [*"Er kam hierher und schrie um Hilfe. Er sagte: 'Ruf die Feuerwehr, Fernanda ist ohnmächtig'"* (CM2013_03_007, R1)]. Es muss jedoch betont werden, dass die Angreifer, wenn sie einen Femizid begehen oder versuchen, einen solchen zu begehen, sehr aggressiv und gewalttätig vorgehen, wie aus den folgenden Berichten hervorgeht: "*In der Überzeugung, dass das Opfer bereits tot war, ging er nach Hause, um eine Schaufel zu holen, um sie zu begraben. Doch als er zurückkam, atmete das Mädchen noch. Er schlug ihr mit der Schaufel auf den Kopf"* (CM2012_09_034, R1), "...*Er antwortete nur: Sie ist meine Frau und sie* *hat mich betrogen. Ich musste sie töten" (CM2013_08_029, R1) ... "Ich wäre wütend, wenn ich sie auf der Straße oder am Handy mit einem anderen Mann reden sehen würde. Das hat mir überhaupt nicht gefallen, ich dachte, sie gehört mir" (CM2014_12_080, R1).*

8. Diskussion der Ergebnisse

Nach der Darstellung der quantitativen und qualitativen Ergebnisse sollen die Daten in einer integrierten Weise zusammengefasst und reflektiert werden. Die erzielten Ergebnisse werden dann im Hinblick auf die Ausgangsfrage diskutiert.

Erstens ist festzustellen, dass die Berichterstattung über Frauenmorde im Intimbereich in Portugal von 2011 bis 2014 zugenommen hat, wobei die Zeitung Correio da Manha in Form und Inhalt der veröffentlichten Artikel investiert hat. Auf diese Weise wird das Phänomen, insbesondere im letzten Jahr, stärker in den Vordergrund gerückt und sichtbar gemacht, wobei die Profile der Beteiligten durch Anspielung auf persönliche Merkmale (z. B. Vornamen, Fotos) vermenschlicht und die Dynamik des Verbrechens untersucht werden. Es ist anzumerken, dass diese Zeitung ihren Lesern eine Karte der in Portugal begangenen Morde[6] zur Verfügung stellt, die auch Femiziddelikte enthält.

Die drei Bezirke, die in den Nachrichten am häufigsten erwähnt werden (Porto, Lissabon und Setúbal), sind auch die Bezirke, die laut OMA die höchste Inzidenzrate von Femizid in der Intimsphäre in Portugal aufweisen. Es ist jedoch zu betonen, dass die Region

Das Zentrum ist im Allgemeinen mit 46 % (N=92) der Fälle am aussagekräftigsten. Es ist interessant festzustellen, dass die geografischen Gebiete, die in der untersuchten Zeitung insgesamt am häufigsten genannt werden, mit den Gebieten mit der höchsten Bevölkerungsdichte zusammenhängen.

Den im Rahmen dieser Untersuchung gesammelten Daten zufolge wurden 45 % der Frauenmorde vollendet, was auf eine hohe Erfolgsquote bei der Begehung des Verbrechens hinweist, die möglicherweise mit der Art der verwendeten Waffe zusammenhängt. Es sei daran erinnert, dass die Mörder in 39,5 % (N=79) der Fälle Schusswaffen und in 38,5 % (N=77) Klingenwaffen verwendeten, die beide potenziell tödlich sind und bei dieser Art von Verbrechen häufig eingesetzt werden (Almeida, 2012; Campbell et al., 2003b, 2007). Der leichte illegale Zugang zu Schusswaffen könnte mit diesen Erkenntnissen zusammenhängen, aber auch mit der besonderen Art der Berufe der Angreifer, die diesen Kontakt zu begünstigen scheint. In 7 % (N=14) der Fälle waren die Mörder Jäger. Zusätzlich zu dieser Tatsache ist das niedrige Bildungsniveau der Täter ein Risikofaktor für Tötungsdelikte, wie in der Literatur beschrieben (Agra (coord.), Quintas, Sousa, &

---

6 Vgl. http://www.cmjornal.xl.pt/mortes_violentas.html

leite, 2015).

Nach den Studien von (Pais, 1996; Almeida, 2012) und unserer Studie erhöhen Straftaten, die überwiegend zu Hause begangen werden (in 73,5 % der Fälle), auch den Zugang zu Klingenwaffen (z. B. Küchenmessern), während gleichzeitig die Wahrscheinlichkeit sinkt, dass die Opfer Unterstützung oder Hilfe erhalten. Familienmitglieder, Nachbarn und Freunde sollten daher Gewalt bei der Polizei melden und sofort eingreifen. Es ist hervorzuheben, dass dies eine der Möglichkeiten zur Verhinderung von Femizid sein kann. Da die Straftat im häuslichen Umfeld stattfindet, sind Kinder in der Regel direkte oder indirekte Opfer, was Auswirkungen auf ihre psychosoziale Entwicklung hat (Pagelow, 1984; Branco, 2007; Caridade, 2011).

In 62,5 Prozent der Fälle hatten die Mörder zum Zeitpunkt der Tat eine intime Beziehung zu den Opfern, während in 37,5 Prozent der Fälle die Beziehung bereits zerbrochen war. Erneut wurde festgestellt, dass das Ende der Beziehung auch ein Risikofaktor für Frauenmorde ist. In patriarchalischen Gesellschaften betrachten Männer Frauen als ihr Eigentum und wenden Gewalt an, um es zu sichern. Mit anderen Worten: Der Indikator "Trennung" scheint zu einer Eskalation der Gewalt zu führen, so dass besitzergreifende Männer offenbar stärker motiviert sind, ihre Partnerinnen zu töten. In diesem Zusammenhang sollten wir uns darauf konzentrieren, eine erneute Viktimisierung zu verhindern, eine strenge Bewertung des Risikos von Femizid vorzunehmen und Maßnahmen zum Schutz des Opfers und zur Nötigung des Angreifers zu ergreifen (Campbell et al. 2007; Santos & Matos 2014).

In diesem Fall scheint die Altersgruppe der 40- bis 65-Jährigen das größte Risiko sowohl für die Opfer als auch für die Angreifer darzustellen. In dieser Altersgruppe werden auch Situationen chronischer Gewalt erlebt, in denen es viele Mythen und Vorurteile über die Ehe und ein positives Familienbild gibt, das es zu bewahren gilt. Die Bewertung von Überzeugungen über Gewalt in der Ehe kann wichtig sein, weshalb die Verwendung von psychologischen Bewertungsinstrumenten empfohlen wird, nämlich die *ECVC-Skala der Überzeugungen über Gewalt in der Ehe* und das *I.V.C-Inventar der Gewalt in der Ehe,* um einige Präventivmaßnahmen im Zusammenhang mit missbräuchlichem Verhalten in der Ehe zu ermitteln.

Nach dem Konzept des Femizids (Russell, 2001a, b, c) offenbart das Verbrechen eine Haltung des Hasses gegenüber Frauen. Streit und Auseinandersetzungen, Eifersucht und Besessenheit werden in 24 % (N=48) bzw. 20 % (N=40) der Artikel als Hauptmotiv für den Femizid genannt. Dazu gehören der Wunsch nach Rache, Unsicherheit, Misstrauen und das Gefühl der Demütigung, wobei die Tötung als Strategie zur Wiederherstellung der männlichen Macht erscheint. In diesen Gewaltsituationen sind nach feministischen Erklärungen die geschlechtsspezifischen Ungleichheiten die Ursache für die Fortdauer der Gewalt gegen Frauen. Die Kontrolle und

Herrschaft der Männer über die Frauen wird somit zur Haupttriebfeder für Femizid. Daher ist es von entscheidender Bedeutung, Risiko-/Gefahrenfaktoren zu ermitteln und die Erfahrungen von Frauen mit Viktimisierung zu validieren, um die negativen Auswirkungen, die diese Beziehungen auslösen, zu mildern. Feministische Perspektiven konzentrieren ihre Interventionen auf kulturelle Fragen, geschlechtsspezifische Sozialisationsprozesse und vor allem auf das Ungleichgewicht von Macht und Schutz des Opfers (Santos & Matos, 2014; Neves, 2003).

In den Medienberichten der Zeitung Correio da Manha über die Opfer lässt sich eine Tendenz zur Schuldzuweisung, Stereotypisierung und sozialen Etikettierung feststellen. Das Verhalten des Opfers wird häufig in Frage gestellt und lässt den Leser an seiner Eignung zweifeln [z. B. *"sie war immer gut gelaunt und verkaufte Glück"* (CM2013_09_032, R1) ... *"Ich habe gehört, sie haben sich getrennt. Ich sage Ihnen, dass das heutzutage eine Schande ist. Heute sind sie mit dem einen zusammen und morgen mit dem anderen"* (CM2013_04_011, R2)]. Die analysierten Narrative tragen somit dazu bei, dass der Aggressor keine Verantwortung trägt oder seine Schuld herunterspielt. Diese Sprache unterstreicht tief verwurzelte Mythen, die ihren Ursprung in den Vorfahren haben und ein besseres Verständnis der Realität verhindern. Die *geschlechtsspezifischen* Diskurse (Neves, 2008), die in journalistischen Beiträgen auftauchen, bestehen auf den Unterschieden zwischen Frauen und tragen nicht dazu bei, traditionelle Überzeugungen und Mechanismen der sozialen Regulierung zu dekonstruieren.

Die Nachrichten konzentrieren sich auch oft mehr auf die Rechtfertigung der Tat durch den Angreifer als auf die Geschichte des Opfers und betonen das Bedauern [*"Der Ehemann ging vor der Tat hin, um sich zu rechtfertigen. Er ging weinend weg und entschuldigte sich für das, was passiert war. Dann ist er nach Hause gegangen und es ist passiert, was passiert ist. Das ist traurig"* (CM2011_06_006, R1)].

In den Nachrichten wird oft eine doppelte Darstellung des Verbrechens suggeriert: Entweder ist der Frauenmord unvermeidlich und entzieht sich daher dem Einfluss der Behörden oder der Handlungen Dritter, oder der Frauenmord ist unvorhersehbar [*"Warum hat er das getan?"*, *"Niemand versteht die Gründe für eine solche Brutalität"* (CM2011_08_020, R1)], obwohl es bereits Hinweise auf Gewalt gibt. Hier setzt sich der Einfluss gesellschaftlicher Vorstellungen über Familie und Ehe fort, die das gesellschaftliche Schweigen über Gewalt noch verstärken. Es sei daran erinnert, dass häusliche Gewalt in Portugal vor 15 Jahren zu einem öffentlichen Delikt erklärt wurde.

9. Schlussfolgerungen

Diese Studie soll einen Beitrag zur Untersuchung geschlechtsspezifischer Gewalt im Allgemeinen und zur Untersuchung von Femizid im Besonderen leisten, indem sie die Mediendiskurse über

Femizid in der Intimsphäre in Portugal analysiert. Diese Studie ermöglichte es uns, der Realität des Phänomens des Femizids in der Intimsphäre näher zu kommen und gleichzeitig die Mediendiskurse über Femizid in der Intimsphäre zu verstehen, die von der Zeitung Correio da Manha zwischen 2011 und 2014 produziert wurden.

Geschlechtsspezifische Gewalt ist ein zentrales Element für das Verständnis der sozialen Lage von Frauen. Gewalt gegen Frauen ist ein äußerst wichtiges Problem, das in unserer patriarchalischen Gesellschaft diskutiert werden muss, nicht nur wegen der hohen Prävalenz, sondern auch wegen der physischen und psychischen Auswirkungen, die sie hat.

Es gibt jedoch immer noch gesellschaftliche Vorurteile gegenüber dieser Art von Verbrechen, da die Gesellschaft, obwohl sie weiß, dass es sich um ein öffentliches Vergehen handelt, nicht eingreift oder es nicht anzeigt. In Verbindung mit den Schlussfolgerungen dieser Studie haben wir festgestellt, dass viele Menschen Gewalt als etwas Natürliches zwischen Paaren akzeptieren. Nachbarn oder Familienmitglieder wissen zwar von der Gewalt, melden sie aber nur selten und greifen nicht ein. Der Titel dieser Arbeit ist bezeichnend: *"Ich habe sofort gesehen, dass er ein Gauner ist, ich habe nie gedacht, dass er ein Mörder ist"*.

Der Frauenmord ist heute weltweit ein sehr ernstes Problem. Die Opfer verlieren nicht nur ihr Leben, sondern sie hinterlassen auch Waisen. Um das Verhältnis zwischen Risiko und Gefahr zu verringern, wäre es sinnvoll, mit der Gemeinschaft ein Protokoll für den Informationsaustausch zu erstellen und Gesetze zur Meldepflicht einzuführen, um so die öffentliche Sicherheit zu stärken.

Den Ergebnissen der Analyse von Nachrichtenberichten zufolge ist einer der Hauptgründe für Frauenmorde Eifersucht (Almeida, 2012; Gartner et al., 2001; Polk & Ronson, 1991), zusammen mit einer traditionellen Auffassung von Familie und sozialen Geschlechterbeziehungen. Da diese Faktoren als Risikofaktoren für die Begehung dieser Straftat gelten, empfehlen wir eine Risikobewertung, die eine umfassende Charakterisierung dieser Elemente sowie die Ermittlung der Zugänglichkeit zu Waffen und die Charakterisierung des Angreifers umfasst. Es wird empfohlen, einen auf das Opfer ausgerichteten Ansatz zu verfolgen, indem das *Empowerment* gefördert und ein Sicherheitsplan in Zusammenarbeit mit den Sicherheitskräften erstellt wird.

Wichtig ist auch die Intervention bei den Aggressoren durch die Entwicklung von Programmen zur Wutbewältigung und psychoedukativen oder sozialpädagogischen Programmen (Manita, 2005). Diese basieren auf der Schulung sozialer und kognitiver Fähigkeiten der Aggressoren, die es ihnen ermöglichen, an ihren Beweggründen für die Begehung der Straftat und den mit dem individuellen Gewaltverlauf verbundenen Prozessen zu arbeiten, das Bewusstsein und die Verantwortung für ihre Handlungen und deren Folgen zu erhöhen und Darstellungen oder Überzeugungen zu dekonstruieren, die missbräuchliches Verhalten legitimieren.

Das Verständnis dieser Art von Verbrechen sollte nicht nur als soziales Faktum (Merton, 1970) oder als soziale Reaktion (Becker, 1963), sondern als soziale Beziehung (Pires, 1992) verstanden werden, d.h. der Femizid sollte als ein sehr kritisches soziales Problem betrachtet werden, bei dem alle (Familienmitglieder, Nachbarn, Polizeibehörden usw.) unabhängig von ihrer sozialen Schicht verpflichtet sind, sich zu beteiligen, zusammenzuarbeiten und zu intervenieren, um das Problem unverzüglich zu lösen und letztlich den Femizid zu verhindern.

Nach der Analyse der Ergebnisse können wir im Allgemeinen sagen, dass die medialen Diskurse oder Erzählungen, die in der Zeitung Correio da Manha von 2011 bis 2014 über Femizid in der Intimsphäre konstruiert wurden, in Richtung Schuldzuweisung, Stereotypisierung und Etikettierung der Opfer gehen.

Im Lichte dieser Analyse der Mediendiskurse lassen sich folgende Probleme im Zusammenhang mit dem Verbrechen des Femizids auflisten: Toleranz der Gemeinschaften; fehlende Verantwortung für die Aggressoren seitens der Familienmitglieder und Nachbarn, unterstützt durch das Argument der psychischen Probleme und des Drogenmissbrauchs (Alkohol) und der Ineffizienz des Systems. Obwohl sie sich der häuslichen Gewalt bewusst sind, betrachten die Nachbarn und Verwandten die Familie weiterhin als eine private Sphäre. Andererseits gibt es eine Haltung, die das Verhalten der Aggressoren rechtfertigt, um Schuldgefühle zu lindern. Schließlich ist das System durch ineffiziente Interventionen gekennzeichnet.

Obwohl der Diskurs über Kriminalität bestimmte Stereotypen über Opfer und Täter verstärkt, hat er auch eine positive Seite, da er die portugiesische Gesellschaft und die Leser auf das Problem aufmerksam macht und hilft, Risiko-/Gefährdungsfaktoren zu erkennen.

Bei der Durchführung dieser Arbeit stießen wir auf einige Einschränkungen. Die wichtigste Einschränkung war die Länge des Prozesses. Geplant war ein Untersuchungszeitraum von 10 Jahren, aber um die Fristen für die Dissertation einzuhalten, war es notwendig, diesen Zeitraum zu verkürzen. Eine weitere Einschränkung war die Tatsache, dass es in Portugal nach wie vor nur wenige Studien über Femizid gibt, was unser Wissen über das Phänomen im nationalen Kontext begrenzt. In konzeptioneller Hinsicht wurden in der Studie auch einige Einschränkungen festgestellt, die auf die mangelnde Einheitlichkeit der Definitionen der beiden Begriffe FemizidZFeminizid und ihrer Operationalisierung zurückzuführen sind; beide Begriffe werden in der Literatur verwendet, und es besteht kein Konsens über die Definitionen. Was die gesammelten Nachrichten betrifft, so sind die gelieferten Informationen nicht immer homogen, was die zu untersuchenden Variablen angeht. Es ist daher schwierig, die Nachrichten zu analysieren.

In einigen Fällen waren die journalistischen Beiträge angesichts der Schwere der beschriebenen Taten schwer zu lesen.

Diese Studie soll einen weiteren Beitrag zur Forschung zu diesem Thema leisten und bestehende Studien über Femizid, insbesondere über Femizid in der Intimsphäre in Portugal, verstärken und/oder ergänzen.

In Zukunft wäre es sinnvoll, vergleichende Studien mit verschiedenen Medien (z.b. Fernsehen, Radio) zu entwickeln, um zu verstehen, ob es Unterschiede in den Mediendiskursen gibt, sowohl in Form als auch in Inhalt.

10. Bibliografische Hinweise:

Agra (Koord.), C., Quintas, J., Sousa, P. & Leite, A. L. (2015). Judicial Decisions in Matters of Marital Homicide - A Study of Sentencing. *Zusammenfassung, Juristische Fakultät, Universität Porto, Schule für Kriminologie.* Abgerufen von :http://www.cig.gov.pt/wp-content/uploads/2015/07/Sum%C3%A1rio-executive-Decisions%C3%B5es-gerichtliche-entscheidungen-in-mat%C3%A9ria-der-morde%C3%ADs.pdf;

Alves, L. M. P. B. (2011). Die Medien als Vermittler des Rechts. *FIDES, Natal, 2*(1), 190-203. Abgerufen von: http://www.revistafides.com/ojs/index.php/br/article/view/140/458;

Almeida, C. D. (2008). *O impacto das políticas sociais no combate à Violência Domèstica no conselho de Montemor-o-Velho* (Masterarbeit in Soziologie, Spezialisierung in Lokalpolitik und Dezentralisierung: Die neuen Bereiche des Sozialen, eingereicht an der Fakultät für Wirtschaftswissenschaften der Universität Coimbra unter der Aufsicht von Professor Pedro Hespanha). Universität von Coimbra, Coimbra. Entnommen aus: https://estudogeral.sib.uc.pt/bitstream/10316/8970/2/Tese_Cristiana%20Almei da.pdf.

Almeida, I. S. B. (2012). Bewertung des Risikos von Femizid: Macht der Kontrolle in der Dynamik von Intimbeziehungen. *Projektarbeit, eingereicht als Teilvoraussetzung für den Doktortitel in Psychologie.* Universitätsinstitut von Lissabon. Fakultät für Sozial- und Humanwissenschaften, Abteilung für Sozial- und Organisationspsychologie. Lissabon. Entnommen aus: https://repositorio.iscte-iul.pt/bitstream/10071/5893/4/PhD_Iris_Almeida.pdf.

Almeida, T. M. C. (2014). Dossier: Geschlecht und Feminismus(e): neue theoretische Perspektiven und soziale Wege. *Revista Sociedade e Estado, 29(*2), 329-340. doi.org/10.1590/S0102-69922014000200002.

Almeida, L. F. & Santos, M, F. S. (2013). Soziale Repräsentationen städtischer Gewalt bei zivilen Polizeibeamten. *Revista Psicologia: Teoria e Pràtica, 15*(2), 76-91. Zurückgezogen von:http://editorarevistas.mackenzie.br/index.php/ptp/article/viewFile/3287/445 3;

Angélico, R., Dikenstein, V., Fischberg, S. & Maffeo, F. (2014). Feminizid und

47

geschlechtsspezifische Gewalt in der argentinischen Presse: eine Analyse von Stimmen, Berichten und Akteuren. *Universitas Humanistica,78*, 281-303. doi:10.11144/Javeriana.UH78.fvgp;

Antony, C. (2012). Gemeinsame Kriterien und Meinungen zu FemizidZFeminizid. In S. Chirotti, & C. H. Pèrez (eds.), *Contributions to the debate on the criminalisation of feminicide/femicide.* Lima: CLADEM. Entnommen aus:

http://www.compromissoeatitude.org.br/wpcontent/uploads/2013/10/CLADE M_TipificacaoFeminicidio2012.pdf.

Atencio, G. (2011). *Feminicidio-femicidio: un paradigma para el anâlisis de la violencia de género.* Entnommen aus:

http://www.infogenero.net/documentos/FEMINICIDIO-feminicidio-paradigma%20para%20su%20analisis-Graciela%20Atencio.pdf.

APAV (2011). Handbuch für Kinder und Jugendliche, die Opfer von Gewalt geworden sind: Verstehen, eingreifen und vorbeugen. Lissabon;

Azambuja, M. P. R. & Nogueira, C. (2007). Geschlechtsspezifische Gewalt: eine Reflexion über die Variabilität der Terminologien. *Saùde em Debate, 31*(75/76/77), 97-106. Entnommen aus:http://repositorio-aberto.up.pt/bitstream/10216/64336/2/90838.pdf;

Azevêdo, J. H. P., Bueno, T. & Rocha, N. (2014). *Femizide und der Protagonismus der Aggressoren in den Zeitungen Estado de Minas und Super Noticia.* Intercom - Brasilianische Gesellschaft für interdisziplinäre Kommunikationsstudien XIX Kongress der Kommunikationswissenschaften in der Region Südost - Vila Velha - ES - 22a 24/05/2014. Entnommen aus:

http://www.portalintercom.org.br/anais/sudeste2014/resumos/R43-1045-1.pdf;

Bardin, L., (1991). Inhaltsanalyse. Lissabon: Ediciones 70;

Barroso, Z. (2007). *Gewalt in Liebesbeziehungen: Eine sozialistische Analyse der in den gerichtsmedizinischen Instituten von Coimbra und Porto festgestellten Fälle.* Lissabon: Ediçoes Colibri, SociNova;

Barbero, B. S., Boira, S, Otero, L., Marcuello-Servós, C. & Vives-Cases, C. (2015). Femicidio y feminicidio: Un análisis de las aportaciones en clave iberoamericana Femicide and Feminicidio: an analysis in Latinoamerican perspective. *Comunitania: International Journal of Social Work and Social Sciences,10*, 28-46. doi: http://dx.doi.org/10.5944/comunitania.10.2;

Becker, H. S. (1963). Outsiders - Studies in the sociology of deviance, New York und London: The Free Press;

Brabeck, K. M. & Guzman, M. R. (2009). Untersuchung der Hilfesuche von Überlebenden des Missbrauchs in der Partnerschaft mit mexikanischer Herkunft in ihrem soziokulturellen Kontext. *Violence and Victims,* 24(6), 817-832. Abgerufen von: http://digitalcommons.ric.edu/cgi/viewcontent.cgi?article=1256&context=facul typublications.

Branco, M. S. C. (2007). *Konjugale Gewalt gegen Frauen. Stories Lived and Narrated in the Feminine* (Master's dissertation in Health Communication). Universidade Aberta, Lissabon. Entnommen aus:

https://repositorioaberto.uab.pt/bitstream/10400.2/736/1/TMCS_MariaSaleteBr anco.pdf.

Cabanas, A. C., & Rodriguez, M. S. (2002). Femizid in Costa Rica. Mortal Balance. *In Medicina Legal en Costa Rica,* 19(1). Entnommen aus: http://www.scielo.sa.cr/scielo.php?script=sci_arttext&pid=S1409- 00152002000100002;

Campbell, J. (2002). Gesundheitliche Folgen von Gewalt in Paarbeziehungen. *Lancet, 359* (9314), 1331- 336. Abgerufen von: http://www.ncbi.nlm.nih.gov/pubmed/11965295;

Campbell, J. C., et al. (2003b). Risikofaktoren für Femizid in missbräuchlichen Beziehungen: Ergebnisse einer Multisite-Fallkontrollstudie. *American Journal of Public Health, 93*(7), 1082- 1097;

Campbell, J. C. & Runyan, C. W. (1998). Femizid: Beitrag der Gastherausgeber. *Homicide Studies,* 2(4), 347-352. doi: 10.1177/1088767998002004001.

Campbell, J. C., Glass, N., Sharps, P.W., Laughon, K. & Bloom, T. (2007). Tötungsdelikte in Paarbeziehungen: Review and implications of research and policy. *Trauma, Gewalt, & Missbrauch, 8,* 246-269. doi:10.1177/1524838007303505.

Caputi, J. & Russell, D. E. H. (1990). Femicide: Speaking the unspeakable. *Die Welt der Frauen, 1*(2), 34-37. Abrufbar unter: http://www.unc.edu/~kleinman/handouts/Femizid.pdf;

Caputi, J. & Russel, D. E. H. (1992). Femizid: Sexistischer Terrorismus gegen Frauen. In J. Radford. & D. E. H. Russell (eds.), *Femicide: The Politics of Woman Killing.* NewYork : Twayne Publishers: Abgerufen von: http://www.dianarussell.com/f/femicde(small).pdf;

Carvalho, M. D. (2007). *Die Konstruktion des Bildes von Migranten und ethnischen Minderheiten durch die portugiesische Presse: Eine vergleichende Analyse von zwei Tageszeitungen.* Lissabon: ISCTE.

Caridade, S. (2011). *Intime Gewalterfahrungen: Ein wissenschaftlicher Ansatz.* Coimbra: Ediçao Almedina, S.A.

Caridade, S. & Machado, C. (2013). Gewalt in intimen Jugendbeziehungen: ein Überblick über

Theorie, Forschung und Praxis. *PSICOLOGIA, XXVII*(1), 91113. Abgerufen von: http://www.scielo.mec.pt/pdf/psi/v27n1/v27n1a06.pdf;

CIG - Kommission für Unionsbürgerschaft und Gleichstellung der Geschlechter (2013). Entnommen aus: http://www.cig.gov.pt/;

Charaudeau, P. (2006a). *Media Discourse.*Sao Paulo: Contexto;

CLADEM (2012). Beiträge zur Debatte über die Kriminalisierung von Femizid/Frauenmord. Peru: Lateinamerikanisches und Karibisches Komitee für die Verteidigung der Rechte der Frau. Entnommen aus: www.cladem.org;

Couto, D., Machado, C., Martins, C. & Gonçalves, R. A. (2012). Die mediale Konstruktion von Menschenhandel in der portugiesischen Presse. *Analyse .*

Psychologie, XXX(1-2), 231-246. Entnommen aus:

http://www.scielo.gpeari.mctes.pt/pdf/aps/v30n1-2/v30n1-2a17.pdf

Côrte, K. & Gomes, M. R. (2006). *Gewalt und Alter in den Medien.* Vortrag im Rahmen der NP "Communication for Citizenship" des XXIX Brasilianischen Kongresses für Kommunikationswissenschaften - Treffen der Forschungszentren. Entnommen aus:

http://www.intercom.org.br/papers/nacionais/2006/resumos/R0032-1.pdf;

Dias, I. (2004). *Darstellungen und Praktiken der ehelichen Gewalt bei Paaren mit unterschiedlichem sozio-professionellem Hintergrund.* VIII. Luso-Afro-Brasilianischer Kongress der Sozialwissenschaften Coimbra 16, 17 und 18 September 2004. Coimbra. Entnommen aus: http://www.ces.fe.uc.pt/lab2004/pdfs/IsabelDias.pdf;

Dias. I. (2010). *Gewalt in der Familie: ein soziologischer Ansatz.* Porto: Ediçoes Afrontamento;

Amtsblatt, 1. Reihe[a] - Nr. 65 - 3. April 2013.

Esteves, M. (2006). *Inhaltsanalyse.* In J. A. Lima & J. A. Pacheco (Orgs.), Doing research (pp. 105-126). Porto: Porto Editora.

Fâvero (Koord.).M. & Neves, S. (2010). *Viktimologie: Wissenschaft und Aktivismus.* Coimbra: Ediçoes Almedina. SA.

FRA - Agentur der Europäischen Union für Grundrechte (2014). *Gewalt gegen Frauen: eine EU-weite Erhebung.* Luxemburg: Amt für Veröffentlichungen der Europäischen Union. Abgerufen von:http://fra.europa.eu/sites/default/files/fra-2014-vaw-survey-main-results_en.pdf;

Ferreira. C. & Silvestre, M.J.C. (2013). Kinder als Protagonisten der Nachrichten: Subjekte und Objekte des Verbrechens. Intercom: Revista Brasileira de Ciências da Comunicaçao, 36 (1), 81-

102. doi.org/10.1590/S1809-58442013000100005;

Fernândez, A. M. (2012). Femizid: die Grausamkeit des Patriarchats. *Revista nomadias, 16,* 47-73. Entnommen aus :

http://www.nomadias.uchile.cl/index.php/NO/article/viewFile/24957/26310;

Garcia, N. & Martinez, L. (2009). Die positive Darstellung des Bildes der Frau in den Medien. *Comunicar, XVI*(32) 209-214. Entnommen aus:

http://www.revistacomunicar.com/verpdf.php?numero=32&articulo=32-2009- 24;

Gartner, R., Dawson. M. & Crawford, (2001). Frauen, die töten: Femizid im Intimbereich in Ontario, 1974-1994. In D. Russell & R. Harmes (Eds.), *Femicide in global perspective (pp. 147-165).* New York: Teachers College Press.

Gebrim, L. M. & Borges, L. C. C. (2014). Geschlechtsspezifische Gewalt: Kriminalisierung von Femizid/Feminizid oder nicht? *Revista de Informaçào Legislativa, 202,* 59-75.

Entnommen aus:http://www2.senado.leg.br/bdsf/bitstream/handle/id/503037/001011302.pdf ?sequence=1;

Gomes, S. (2011). Kriminalität in der Presse: Darstellungen von Immigranten und Zigeunern in Portugal. *Contesxtos.* Abgerufen von: http://repositorium.sdum.uminho.pt/handle/1822/13674;

Gomes, I. S. (2012). Feminizide: eine Studie über tödliche geschlechtsspezifische Gewalt gegen Frauen. *Revista praiavermelha, 22*(1), 37-52. Entnommen aus:

http://praiavermelha.ess.ufrj.br/wp-content/uploads/2013/11/RPV- 22_1.pdf#page=37;

Gomes, S. (2013). Die Konstruktion einer moralischen Panik über Zigeuner und Einwanderer in der portugiesischen Tagespresse. *Revista Latiyude, 7*(2), 187-217. Entnommen aus:

https://www.academia.edu/6993646/A_constru%C3%A7%C3%A3o_do_p%C 3%A2nico_moral_sobre_os_ciganos_e_os_imigrantes_na_imprensa_di%C3% A1ria_portuguesa;

Gomes, C. M. (2014). Femizid in der brasilianischen Frauenliteratur. *Estudos Feministas, Florianópolis* , 22(3), 781-794 Abgerufen von: http://educa.fcc.org.br/pdf/ref/v22n03/v22n03a04.pdf;

Gomes, V. R., Lima, V. L. A., Silva, A. F., Sena, L. X. & Santos, A. C. B. (2014). Gewalt gegen Frauen in der nördlichen Region: die Version der Paraense Printmedien. *Revista do laboratòrio de estudo da violência da UNESP/Marilia, 14,* 113-128. Entnommen aus:

http://www2.marilia.unesp.br/revistas/index.php/levs/article/view/4213;

51

GMMP (2010). Global Media Monitoring Project. Entnommen aus: http://www.genderclearinghouse.org/upload/Assets/Documents/pdf/gmmp_glo bal_report_de.pdf;

Guibentif, P. et al. (2002). Soziale Kommunikation und die Darstellung von Verbrechen. Lissabon: Gabinete de Estudos Juridico-Sociaisdo Centro de Estudos Judiciârios;

Harris, F. (1932). *Darstellung von Verbrechen in Zeitungen.* Minneapolis, Minn.: Minneapolis Sociological Press.

Hochmüller, M. T. (2014). *Reflections of gender violence in the Inter-American Court of Human Rights: a Study of the Campo Algodoeiro Case* (Monographie, eingereicht im Studiengang Internationale Beziehungen der Bundesuniversität Santa Catarina als obligatorische Voraussetzung für die Erlangung des Titels Bachelor in Internationalen Beziehungen). Entnommen aus:

https://repositorio.ufsc.br/xmlui/bitstream/handle/123456789/128085/Monogra fia%20da%20Mariele.pdf?sequence=1&isAllowed=y.

Lagarde, M. (2006). Vom Femizid zum Feminizid. *Desde el Jardin de Freud - Revista de Psicoanàlisis, 6,* 216-225. Entnommen aus   :

http://revistas.unal.edu.co/index.php/jardin/article/download/8343/8987;

Lisboa, M. (Koord.) Miguens, F., Cerejo, D., & Favita, A. (2009). Inquérito Violência de Género Regiao Autónoma dos Açores: Relatório Final. *SociNova/CesNova,* I. Abgerufen von: http://www.azores.gov.pt/NR/rdonlyres/308EA750-718D-4514-   B98C-BFC9CDD9D50C/508435/RelatrioFinal_Vol_I.pdf;

Lisboa. M. (2006). Vorbeugen oder Abhilfe schaffen: die sozialen Kosten von Gewalt gegen Frauen. Lissabon: Ediçoes colibri/SociNova;

Lippmann, W. (1922). Die *öffentliche Meinung.* New York: The Free Press;

Lourenço, N., Lisboa, M. & Pais, E. (1997). *Gewalt gegen Frauen.* Lissabon: CDM, Cadernos Condiçoes Feminina, 48.

Manita, C. (2005). *Intervention mit Straftätern im Zusammenhang mit häuslicher Gewalt in Portugal: Vorläufige Charakterisierungsstudie.* Lissabon: CIDM.

Machado, C., Gonçalves, M. & Vila-Lobos, A. J. (2002). Kinder, die verschiedenen Formen von Gewalt ausgesetzt sind. In C. Machado & R. A. Gonçalves (Eds.), *Violence and victims of crime, II: Children.* Coimbra: Quarteto Editora;

Machado, H. & Santos, F. (2009b). "Die Moral der Justiz und die Moral der Medien: Medienurteile und öffentliche Dramen". *CES Workshop.* Abgerufen von:

http://www.ces.uc.pt/publicacoes/oficina/ficheiros/333.pdf;

Matos, M. (2003). Gewalt in der Ehe. In C. Machado & R. A. Gonçalves (Coords). *Gewalt und Verbrechensopfer. Vol I: Adults.* Coimbra: Quarteto;

Menéndez, M. I. M. (2014). Retos periodisticos ante la violencia de gènero. Der Fall der lokalen Presse in Spanien. Journalistische Herausforderungen im Zusammenhang mit geschlechtsspezifischer Gewalt. The case of the Spanish local press. *Nueva época, 22,* 53-77. Entnommen aus:

http://www.comunicacionysociedad.cucsh.udg.mx/sites/default/files/a2_41.pdf

Meneghel, S. N. (2012). Grenzsituationen infolge von geschlechtsspezifischer Gewalt. *Athenea Digital, 12*(3), 227-236. Entnommen aus   :

http://www.lume.ufrgs.br/bitstream/handle/10183/104442/000867216.pdf?sequ ence=1.

Merton, R., (1970). Sozialstruktur und Anomie. 208-270, Soziologische Theorie und Struktur. Sao Paulo: Editura Mestre Jou.

Mills, S. W. (2001). Intimer Femizid und missbrauchte Frauen, die töten: Eine feministische Rechtsperspektive. I D. Russell & Harmes (Eds.), *Femicide in Global Perspective (*pp.71-87*).* New York: Teachers College Press.

Mirales, R. (2010). Einige Überlegungen zu Gender und Sozialarbeit. *Doing Gender 9 - Diasporas, Diversität, Verschiebungen.* Entnommen aus:

http://www.fazendogenero.ufsc.br/9/resources/anais/1275850948_ARQUIVO_ textoremetido.pdf;

McCombs, M. (2002). "*The agenda-setting role of the mass media in the shaping of public opinion".* Vortrag auf der Mass Media Economics Conference, London School of Economics. Entnommen aus: http://sticerd.lse.ac.uk/dps/extra/McCombs.pdf.

Neves, S. (2008). *Liebe, Macht und Gewalt in der Intimität: Die sich kreuzenden Wege des Persönlichen und des Politischen.* 1ª Ausgabe. Coimbra: Quarteto Publishing House.

Neves, S., & Nogueira, C. (2003). Feministische Psychologie und Gewalt gegen Frauen in der Intimität: Die (Re-)Konstruktion von therapeutischen Räumen. *Psychologie und Gesellschaft, 15,* 43-64. Abgerufen von: http://www.scielo.br/pdf/psoc/v15n2/a04v15n2.pdf.

Neves, S. & Nogueira, C. (2004). Feministische Therapien, psychologische Intervention und Gewalt in der Intimität: Eine kritische feministische Lesart. *Psychologica, 36,* 1532.

Neves, S. & Nogueira, C. (2005). Feministische Methodologien: Reflexivität im Dienste der sozialwissenschaftlichen Forschung. *Psicologia: Reflexao e Critica, 18*(3), 408-412.

Noronha, C. V. & Machado, E. P. (2002). Durch die Filter von circe: Gewalt, Unsicherheit und soziale Kontrolle in den Printmedien. *Espacio Abierto, 11*(4), 639-663. Abgerufen von: http://www.redalyc.org/articulo.oa?id=12211405;

UMARs Beobachtungsstelle für ermordete Frauen (OMA). (2011). *Uniao de mulheres alternativa e resposta*. Lissabon, Portugal. Portugal. Entnommen aus

de:http://www.umarfeminismos.org/images/stories/oma/2011/Dados_Prelimina res_Nov_2011.pdf;

UMARs Beobachtungsstelle für ermordete Frauen (OMA). (2012). *Uniao de mulheres alternativa e resposta*. Lissabon, Portugal. Portugal. Entnommen aus.

von:http://www.umarfeminismos.org/images/stories/oma/2012/OMA%202012.p df;

UMARs Beobachtungsstelle für ermordete Frauen (OMA). (2013). *Uniao de mulheres alternativa e resposta*. Lissabon, Portugal. Portugal. Abgerufen von:http://www.umarfeminismos.org/images/stories/oma/2013/OMA%202013% 20Jan%20a%20Nov%201.pdf;

UMARs Beobachtungsstelle für ermordete Frauen (OMA). (2014). *Unià̀o de mulheres alternativaeresposta*. Lisboa .Portugal. Retirado

aus:http://www.umarfeminismos.org/images/stories/oma/2014/OMA_2014_Rel at%C3%B3rio_Intercalar.pdf;

Pais, E. M. H. D. (1996). Gewaltsame Brüche in der Ehe: die Kontexte von Eheschließungen in Portugal. *Vortrag an der Fakultät für Sozial- und Humanwissenschaften der Neuen Universität Lissabon für einen Master-Abschluss in Soziologie, unter der Leitung von Prof. Dr. Nelson Lourenço.* Lissabon.

Pagelow, M. D. (1984). *Familiäre Gewalt.* New York: Praeger.

Pasinato, W. (2011). "Femizid und der Tod von Frauen in Brasilien". *Cadernos pagu*, (37), 219-246. Abgerufen von: http://www.scielo.br/pdf/cpa/n37/a08n37.pdf.

Pierotti, R. S. (2013). Zunehmende Ablehnung von Gewalt in der Partnerschaft: Beweise für eine globale kulturelle Diffusion. *American Sociological Review, 78(*2) 240-265. doi: 10.1177/0003122413480363;

Pina, S. (2009). *Medien und Strafrecht.* Coimbra: Ediçoes Almedina.

Pinto, M. (2011). Die entscheidende Rolle der Presse bei der Stärkung und Konsolidierung der Bürgerrechte. *ANTROPOlógicas,12,* 26-31. Entnommen aus:

http://bdigital.ufp.pt/bitstream/10284/3274/3/Pages%20from%20maquete26- 31.pdf.

Pinto-Coelho, Z. & Mota-Ribeiro, S. (2005) "*O acesso das mulheres ao discurso da imprensa portuguesa*", Paper presented at the IV SOPCOM, University of Aveiro, 2005. Entnommen aus: http://www.sopcom.pt/actas/coelho-ribeiro-acesso-mulheres-discurso- imprensa-portuguesa.pdf;

Pires, A. P.   (1993). Die   Kriminologie und ihre paradoxen Objekte: Überlegungen

épistémologiques sur un nouveau paradigme. *Déviance et Sociéte,17*(2), 129161.Taken from :
http://www.persee.fr/docAsPDF/ds_0378-7931_1993_num_17_2_1298.pdf;

Polk, K. & Ranson, D. (1991). Tötungsdelikte in Victoria. In D. Chappel, P. Grabosky, & H. Strang (Eds.), *Australian violence: Contemporary perspectives* (pp. 53-118). Canberra, ACT: Australisches Institut für Kriminologie.

Radford, J. & Russell. D. E. H. (1992). *Femicide: Die Politik der Frauentötung*. New York: Twayne Publishers. Entnommen aus: http://www.dianarussell.com/f/femicde(small).pdf.

Reiner, R. (1997). Media made criminality: The representation of crime in mass media. In M. Maguire, R. Morgan & R. Reiner (Eds.), *The Oxford handbook of criminology* (pp. 189-225). Oxford: Clarendon Press.

Reiner, R. (2006). Medien, Kriminalität, Recht und Ordnung. *The Scottish Journal of Criminal Justice Studies, 12*,5-21.

Ramos, F. P. & Novo, H. A. (2003). Medien, Gewalt und Alterität: eine Fallstudie.   *Estudosde Psicologia,*   *8(*3),   491-497.   Abgerufen von   :

http://www.scielo.br/pdf/%0D/epsic/v8n3/19971.pdf;

Ramos, S. & Paiva, A. (2007). *Midia e violência: tendências na cobertura de criminalidadee segurança no Brasil*. Entnommen aus:

http://www.rolim.com.br/2002/_pdfs/livromidiaviolencia.pdf;

Entschließung der Versammlung der Republik Nr. 4/2013, vom 21. Januar.

Beschluss des Ministerrats Nr.   102/2013, vom 31. Dezember. Plan

koordiniert von der Kommission für Unionsbürgerschaft und Gleichstellung der Geschlechter.

Russell, D. E. (2001a). Introduction:The politics of femicide. In D. Russell & R. Harmes (Eds.), *Femicide in Global Perspective (*pp. 3-11*)*. New York: Teachers College Press.

Russell, D. E. (2001b). Definition von Femizid und verwandten Konzepten. In D. Russell & R. Harmes (Eds.), *Femicide in Global Perspective (*pp. 12-25*)*. New York: Teachers College Press.

Russell, D. E. (2001c). Femicide by gunfire: A year of lethal hate crimes in the United States. In D.

E. Russell & R. Harmes (Eds.), *Femicide in Global Perspective (*pp. 31-40*)*. New York: Teachers College Press.

Saffioti, H. I. B. (1999). Der Löffel *ist* im Streit zwischen Mann und Frau *bereits* eingeführt. *Sâo Paulo em perspectiva, 13*(4). doi.org/10.1590/S0102-88391999000400009.

Saffioti, H. I. B. (2001). Feministische Beiträge zur Erforschung der geschlechtsspezifischen Gewalt. *Cadernos Pagu, 16,* 115-136. doi.org/10.1590/S0104-83332001000100007;

Sanford, V. (2008). Vom Genozid zum Femizid: Straflosigkeit und Menschenrechte in Guatemala im einundzwanzigsten Jahrhundert. *Journal of Human Rights, 7,* 104-122. doi.10.1080/147544830802070192;

Santos, E. R. (2009). *Mediendiskurse über Gewalt gegen Frauen: Eine Studie der Zeitungen Diàrio de S. Paulo und Folha de S. Paulo.* II Brazil-Mexico binational colloquium on communication sciences 01 to 03 April 2009 - Sao Paulo - Brazil.   Withdrawn from :

http://www.espm.br/ConhecaAESPM/Mestrado/Documents/COLOQUIO%20 BXM/S5/OK_edilma%20santos.pdf.

Santos, M. M. (2006). *Diskursive Analyse einiger sozialer Darstellungen von Kriminellen in zwei Zeitungen - super noticia und folha online: eine Studie über den Fall   suzanevon richthofen.* Entnommen aus   :

http://www.filologia.org.br/ileel/artigos/artigo_005.pdf

Santos, A. & Matos, M. (2014). Violence in Intimacy: From risk management to the construction of the author, In M. Matos (coord.), *Victims of crime and violence:* Intervention practice. 1ª edition, Psiquilibrios Ediçoes.

Stout, K. D. (2001). Femizid im Intimbereich: Ein nationaler demographischer Überblick. In D. Russell & R. Harmes (Eds.), *Femicide in Global Perspective (*pp. 41-49*)*. New York: Teachers College Press.

Stout, K. D. (1992). "Intimer Femizid": Auswirkungen der Gesetzgebung und der sozialen Dienste. In J. Radford, & D.E.H. Russell (Eds.), *Femicide:The polotics of woman killing* (pp.113-140). New York: Twayne.

Simoes, R. J. B. (2007). *Gewalt gegen Frauen in den Medien. Geschlechterkämpfe im Nachrichtendiskurs (1975-2002).* Coimbra: Editora, LDA.

System der inneren Sicherheit (2009). Jahresbericht über die innere Sicherheit. Entnommen aus:

http://www.ansr.pt/InstrumentosDeGestao/Documents/Relat%C3%B3rio%20A
nual%20of%20Internal%20Security%C3%A7a%20(RASI)/RASI%202009.pdf

System der inneren Sicherheit (2010). Jahresbericht über die innere Sicherheit. Entnommen aus:
http://www.portugal.gov.pt/media/564302/rasi_2010.pdf

System der inneren Sicherheit (2011). Jahresbericht über die innere Sicherheit. Entnommen aus:
http://www.portugal.gov.pt/media/555724/2012-03-

30_Jahresbericht_interne_Sicherheit.pdf:

System der inneren Sicherheit (2012). Jahresbericht über die innere Sicherheit. Entnommen aus:

http://www.portugal.gov.pt/media/904058/20130327_RASI%202012_vers%C 3%A3o%20final.pdf

System der inneren Sicherheit (2013). Jahresbericht zur inneren Sicherheit. Entnommen aus:
http://www.portugal.gov.pt/media/1391220/RASI%202013.pdf

System der inneren Sicherheit (2014). Jahresbericht über die innere Sicherheit. Entnommen aus
:http://www.portugal.gov.pt/pt/documentos-oficiais/20150331-rasi-

2014.aspx;

UNODC-Büro der Vereinten Nationen für Drogen- und Verbrechensbekämpfung (2013). *Globale Studie über Tötungsdelikte 2013*. Wien. Abrufbar unter:
http://www.unodc.org/documents/gsh/pdfs/2014_GLOBAL_HOMICIDE_BO OK_web.pdf.

Valdemarca. L. & Bonavitta, P. (2011). Innerfamiliäre Gewalt als Darstellung in den Printmedien der am weitesten verbreiteten Tageszeitung im Landesinneren von Argentinien. Revista de Estudios Sociales, (39) ,70-79. Entnommen aus

http://res.uniandes.edu.co/pdf/descargar.php?f=./data/Revista_No_39/06_Dossi er_05.pdf

Vâlcea, C. (2011). Die verzerrte Darstellung der Kriminalität in Bezug auf die Referenzialität. *Bulletin der Transilvania Universität von Braşov. 4* (53), 221-226. Entnommen aus:
http://webbut.unitbv.ro/bu2011/Series%20IV/BULETIN%20IV%20PDF/33%2 0VALCEA.pdf.

Vàsquez, P. T. (2009). *Feminizid*. Veröffentlicht für das mexikanische Büro des Hohen Kommissars der Vereinten Nationen für Menschenrechte. 1[a] . Hrsg. Mexiko: OACNUDH. Retiradode :

http://www.feminicidio.net/sites/default/files/feminicidio.pdf.

Weltgesundheitsorganisation (2014*). Globaler Statusbericht zur Gewaltprävention 2014*. Genf: Weltgesundheitsorganisation , entnommen aus :

http://www.undp.org/content/dam/undp/library/corporate/Reports/UNDP- GVA-Gewalt-2014.pdf;

Wright, M. W. (2011). Nekropolitik, Narkopolitik und Femizid: geschlechtsspezifische Gewalt an der Grenze zwischen Mexiko und den USA. *Journal of Women in Culture and Society*, *36*(3), 70731.   Abgerufen   von:http://cpcjalliance.org/wp-content/uploads/2014/09/Necropolitics-Narcopolitics-and-Femicide-Gendered-   Violence-on-the-Mexico-US-Border.pdf;

ANHANG 1

Registrierungsraster

Für die Inhaltsanalyse wurden die analysierten Variablen in zwei große Gruppen eingeteilt:

Im Hinblick auf die Form werden die folgenden Variablen analysiert:

. Variable 1: Teilenummer

. Variable 2: Name der Zeitung

Variable 3: Jahr, in dem die Zeitung veröffentlicht wurde

Variable 4: Monat, in dem die Zeitung veröffentlicht wurde

. Variable 5: Haupttitel der Information

. Variable 6: Sekundäre informatorische Bezeichnung

. Variable 7: Schlüsselelement im Titel

Variable 8: Cover/Machete Überschrift

. Variable 9: Autor der Nachricht 1

. Variable 10: Verfasser von Nachrichten 2

. Variable 11: Verfasser von Nachrichten 3

Variable 12: Belegte Fläche

- kurz (bis zu 1500)

- ¼ Seite (zwischen 1500-2500)

- ½ Seite (zwischen 2500-3500)

- 1 Seite oder mehr (+3500)

. Variable 13: Nachrichten mit Bild

- Mit Bild

- Kein Bild

- Grafik

. Variable 14: Art des Bildes: Opfer, Angreifer, Bild, das auf Viktimisierung anspielt, Polizei

. Was den Inhalt betrifft, so sind die Variablen wie folgt:

Variable 15: Geografische Herkunft der Vorkommen

Variable 16: Bezirk der Vorkommen

Variable 17: Geografisches Gebiet des Vorkommens

. Variable 18: Ort, an dem die Handlung stattfindet (Wohnung, Straße, Arbeitsplatz)

. Variable 19: Arten von Femizid (tatsächlicher oder versuchter Femizid)

. Variable 20: Arten von Selbstmord durch Angreifer (vollendet oder versucht)

Variable 21: Femizid und Selbstmord des Aggressors ((vollendet oder versucht))

Variable 22: Art des Mordes, über den in den Zeitungen berichtet wurde

- Schwerer Mord

- Versuchter Mord

Variable 23: Bei der Begehung der Straftat verwendeter Gegenstand (Schusswaffe, Nahkampfwaffe, Strangulierung, Erstickung usw.).

Variable 24: Beziehung des Opfers zum Täter (Partner, Ex-Partner und Liebhaber)

.Variable 25: Beruf oder berufliche Tätigkeit des Opfers (z. B: Militär, Rentner, Arbeitslose/Arbeitslose, Studenten, Prostituierte, ungelernte Arbeiter, Anlagen- und Maschinenbediener und Montagearbeiter, Arbeiter, Handwerker und ähnliche Arbeiter, Landwirte und Fachkräfte in der Landwirtschaft und Fischerei, Dienstleistungs- und Verkaufspersonal, Verwaltungspersonal und ähnliches Personal, Techniker und Angehörige mittlerer Berufe, Fachleute in geistigen und wissenschaftlichen Berufen und schließlich leitende Beamte der öffentlichen Verwaltung, Manager und leitende Angestellte von Unternehmen).

. Variable 26: Berufliche Tätigkeit des Straftäters

. Variable 27: Alter des Opfers

. Variable 28: Alter des Täters

. Variable 29: Geschlecht des Opfers . Variable 30: Geschlecht des Täters

. Variable 31 : Nationalität oder ethnische Zugehörigkeit des Opfers

. Variable 32: Nationalität oder ethnische Zugehörigkeit des Straftäters

Variable 33: Anzahl der Kinder des Opfers

Variable 34: Geschlecht der Kinder des Opfers

Variable 35: Alter der Kinder des Opfers

Variable 35: Geschlecht2 der Kinder des Opfers

Variable 36: Alter2 der Kinder des Opfers

Variable 37: Geschlecht3 der Kinder des Opfers

. Variable 38: Alter3 der Kinder des Opfers

. Variable 39: Geschlecht4 der Kinder des Opfers

Variable 40: Alter4 der Kinder des Opfers

Variable 41: Geschlecht4 der Kinder des Opfers

Variable 42: Geschlecht5 der Kinder des Opfers

Variable 43 Alter5 der Kinder des Opfers

Variable 44: Quelle der Informationen, auf die Bezug genommen wird (z. B. soziale Unterstützungseinrichtungen, Opferhilfeeinrichtungen, normale Bürger, Medien, Blogs/Websites, RASI, Justizakteure, Gesundheitseinrichtungen, politische Einrichtungen, Polizeikräfte).

Variable 45: Quelle der zitierten Informationen

Variable 46: Motivation für Femizid (zwanghafte Eifersucht, Besessenheit, Streit...)

Variable 47: Soziale Reaktion auf Kriminalität

Variable 48: Motivation für die Begehung von Straftaten

Variable 49: Abgestufte soziale Reaktion auf Kriminalität

Variable 50: Abgestufte soziale Reaktion auf Kriminalität2

Variable 51: Abgestufte soziale Reaktion auf Kriminalität3

Variable 52: Abgestufte soziale Reaktion auf Kriminalität4

Variable 53: Abgestufte soziale Reaktion auf Kriminalität5

Variable 54: Verhalten des Angreifers nach der Straftat (Nachstellung der von einer anderen Person begangenen Straftat, Geständnis der Tat, nicht erwähnt)

Variable 56: Inhaftierung des Angreifers nach der Straftat (ja oder nein)

Variable 57: Geständnis des Angreifers (ja oder nein)

Variable 58: Betroffene Körperteile des Opfers - Beschreibung

Variable 59: Krankenhausaufenthalt des Opfers (ja, keine Angabe, nicht zutreffend)

Variable 60: Das Opfer hat um Hilfe gebeten (ja mit mehreren Angaben, nein)

Variable 61: Personen, die das Opfer um Hilfe gebeten haben (Nachbarn, Freunde, Familie,

Angreifer, Polizeibeamte, andere Personen)

Variable 62: Wann die Straftat geschah (am Tag der Nachricht, gestern, vor einer Woche, keine Angabe)

Variable 63: Zeitraum, in dem die Straftat begangen wurde

Morgen

Nachmittag

Nacht

Keine Erwähnung

Variable 64: Das Leben des Opfers ist in Gefahr (ja, nein, nicht zutreffend)

Variable 65: Name des Opfers (ja, nein)

Variable 66: Name des Angreifers (ja, nein)

Variable 67: Versuchter Mord an einer dritten Person

Variable 68: Tötungsdelikte an Dritten

Variable 70: Das Opfer war schwanger

Variable 71: Dauer der Beziehung

Anhang 2

Tabelle 2.

Charakterisierung des geografischen Ursprungs und des Zeitraums, in dem die Straftaten begangen wurden, sowie der Bezirke und Orte, an denen sie begangen wurden.

Bezirk	N	%	Bezirk Porto***		N	%
Porto***	43	21.5				
Viana do Castelo	2	1.0				
Leiria	8	4.0	Porto		4	2.0
			Gaia		6	3.0
Santarém	9	4.5	Gondomar		5	2.5
Lissabon**	38	19.0	Maia		3	1.5
			Póvoa de Varzim		4	2.0
Portalegre	1	5.0	Vila Nova de Gaia		3	1.5
			Santa Maria da Feira		4	2.0
Evora	4	2.0	Andere		14	8.0
Setubal*	22	11.0	Insgesamt		43	21.5
Beja	5	2.5				
Faro	5	2.2	Bezirk Lissabon**	N	%	
Braga	9	4.5	Amadora	5	2.5	
Vila Real	6	3.0	Lissabon	5	2.5	
			- Sintra	5	2.5	
Bragança	8	4.0	Vila Franca de Xira	3	1.5	
Aveiro	13	6.5	Cascais	3	1.5	
Viseu	19	9.5	Andere	17	8.5	
			Insgesamt	38	19.0	
Wache	1	0.5				

62

Coimbra	3	1.5
Castelo Branco	1	0.5
Andere	3	1.5

Bezirk Setúbal*	N	%
Setubal	3	1.5
Seixal	6	3.0
Almada	4	2.3
Andere	9	4.5
Insgesamt	22	11.0

Quelle: Correio da Manha 2011-2014

Anhang 3

Seitengröße und Jahr der Veröffentlichung

Jahr der Veröffentlichung * Belegte Fläche Kreuztabelle

Zählen Sie

	Besetzter Raum					Insgesamt
	kurz	1/4 Seite	1/2 Seite	1 Seite	2 Seiten	
2011	1	13	8	7	3	32
2012	2	17	11	8	2	40
Jahr der Veröffentlichung 2013	0	21	13	7	6	47
2014	9	30	18	14	10	81
Insgesamt	12	81	50	36	21	200

Anhang 4

Informationsquelle: Verweisende und zitierte Personen

Quellen Quellen Quellen Referenz	N	%	Quellen Quellen referecianda2	der N	%
Feuerwehr	6	3.0	Feuerwehr	30	15.0
Verein zur Unterstützung von Opfern	2	1.0	Inspektionsbehörde	4	2.0
Gesundheitseinrichtung	3	1.5	Förderverein Opfer	4	2.0
Polizeikräfte*	180	90.0	Gewöhnliche Bürger	7	3.5
Familienmitglieder	3	1.5	Die Akteure des Justizwesens	6	3.0
Beteiligte Bürger	4	2.0	Gesundheitseinrichtung	5	2.5
Keine Erwähnung	1	0.5	Polizeikräfte	13	6.5
			Beteiligte Bürger	73*	36.5
			Familienmitglieder	30	15.5
			Nationales Institut für Medizinischer Notfall	4	2.0
			Keine Erwähnung	24	12.0

Zitierte Informationsquellen 1	N	%	Quellen Informationen Zitat 2	für N	%
Feuerwehr	3	1.5	Feuerwehr	12	0.5
Inspektionsbehörden	1	0.5	Inspektionsbehörden	1	0.5
Gewöhnliche Bürger	7	3.5			
Die Akteure des Justizsystems	1	0.5	Die Akteure des Justizsystems	1	0.5
Polizeikräfte	18	9.0	Polizeikräfte	18	9.0
Beteiligte Bürger**	87	43.5	Beteiligte Bürger*innen	35	17.5
Familienmitglieder*	42	21.0	Familienmitglieder	24	12.0
Keine Erwähnung	40	20.0	Keine Erwähnung	117	58.5
Nationales Institut für Medizinischer Notfall	1	0.5	Nationales Institut für Medizinischer Notfall	3	1.5

Quelle: Correio da Manha 2011-2014

Printed by Books on Demand GmbH, Norderstedt / Germany